TRASCIENDE

PRINCIPIOS DE VIDA Y LIDERAZGO QUE IMPACTAN

Daniel Castell

COPYRIGHT © DANIEL CASTELL ⓞ @danielcastell_

© **EDITORIAL LITTERAE**
PRIMERA EDICIÓN, 2022

PRÓLOGO

Darío Isea

COORDINACIÓN Y PRODUCCIÓN EDITORIAL

Dairis Cecilia Berrio Julio

CONTACTO EDITORIAL

ⓞ @editoriallitterae
editoriallitterae@gmail.com
servicioseditoriales.dym@gmail.com

CORRECCIÓN

Ana Sofía Amato
Dairis Cecilia Berrio

DIAGRAMACIÓN

Equipo editorial

DISEÑO DE PORTADA

Eylin Serrano

FOTOGRAFÍA DE PORTADA

Isaac Celis

HECHO DEPÓSITO DE LEY

DEPÓSITO LEGAL
ISBN | 979 844 632 0349

IMPRESO EN EE. UU.

Printed in EE. UU.

Colección
Liderazgo y desarrollo personal

Daniel Castell puede participar como conferencista en eventos en vivo y *online*, para hablar sobre liderazgo, superación y desarrollo personal.
Para obtener mayor información acerca de los servicios que brinda el autor escriba al correo:
contacto@lideraconproposito.online

A mi familia; a mi esposa Zaskia Castell y a mi hijo Daniel Felipe Castell Monteverde.

A mi madre Marta Stewart; a mis primos hermanos, Roberto Williams y Jorge Guittens que, aunque no esté presente en cuerpo, sé que este libro sería otra razón más de alegría para ti.

AGRADECIMIENTOS

En el transcurso de mi vida he tenido la oportunidad de contar con un sinfín de personas que me han apoyado muchísimo. Estoy muy seguro de que sin esos héroes anónimos mi vida no sería la misma. Este libro es el producto, en gran parte, del aprendizaje obtenido a través de ellos; entre quienes están familiares, mentores, *coaches* y mucha gente que ha sido esencial en mi crecimiento. Cada logro que he obtenido se construyó gracias a la contribución de cada una de ellas.

Cada meta alcanzada en la vida se debe a quienes nos impactan de forma positiva y quienes día y noche muestran su apoyo incondicional. Por ello, quiero agradecer de manera muy especial a mi esposa Zaskia Castell, por confiar y creer en todo lo que hacemos y en este proyecto.

A mi familia, amigos y compañeros de la industria del crecimiento personal en todas partes del mundo, con quienes he tenido la oportunidad de interactuar, ¡muchas gracias! De cada uno he podido aprender, y este libro lleva mucho de sus aportes. ¡Muchas gracias por sus enseñanzas!

A mi madre, Marta Stewart, por siempre creer en que yo podría alcanzar todo lo que me propusiera. ¡No hay suficientes palabras para agradecerte!

A mi equipo de editores de la empresa Editorial Litterae por su empuje, compromiso, aprecio y continua enseñanza. Este es el segundo de muchos más por venir, ¡Dios primero!

Existen muchas otras personas que han sido piezas fundamentales en mi desarrollo y crecimiento integral; con todas ellas estaré eternamente agradecido. ¡Siempre estarán presentes en mi corazón!

Finalmente quiero dedicar este libro a cada persona de este mundo que anhela hacer de sus sueños una realidad, que lucha día a día para que su vida tenga mayor significado.

A cada uno de ustedes que desea despertar el héroe que reside dentro para hacer una diferencia positiva en sus familias y en la sociedad; a cada uno de ustedes mi inmenso agradecimiento porque ese deseo que tienen es el que me ha inspirado y motivado a escribir este libro.

¡Trasciende!

PRÓLOGO

Recuerdo una calurosa tarde de junio de 1996, yo era solo un niño y estaba sentado frente al televisor viendo *Laura en América*. En la parte final del programa, Laura leyó una carta públicamente, dicha misiva decía así:

«Querida Laura, te escribo estas palabras para hacerte saber que eres mi última opción. Por años he vivido en soledad y esto me ha deprimido mucho. Cuando finalmente tomé el valor para quitarme la vida, me acordé de ti. Yo no quiero morir, solo necesito un poco de amor. ¿Tú podrías ayudarme?».

Laura no había terminado de leer la carta cuando rompí en llanto. Realmente no soy una persona que se conmueve con facilidad, pero ese día algo pasó dentro de mí. La presentadora del programa dio el número telefónico de aquel hombre para quien quisiera lo pudiese ayudar. Yo dije estas palabras:

«Él me necesita». Así que salí corriendo a buscar una pluma y una hoja para anotar el número. Nunca pude comunicarme con él, pero desde ese día supe que había nacido para ayudar e inspirar a otros.

Es curioso, pero cuando le preguntamos a un niño qué quiere ser cuando sea grande, la mayoría de las respuestas tienen algo en común, además de la fantasía. Casi sin excepción, todas están enfocadas hacia el mismo objetivo: Ayudar a otros. Sin embargo, a medida que vamos creciendo, vamos perdiendo la sensibilidad de conectarnos con la necesidad de quienes nos rodean, y nos enfrascamos en alcanzar un éxito individual y un tanto egoísta.

Estudios afirman que un niño puede sonreír entre 300 y 400 veces al día, mientras que un adulto logra, en promedio, escasas 25 sonrisas. Expertos concluyeron que una persona va dejando de sonreír considerablemente a partir de los 30 años. ¿Qué nos pasó? Se supone que a medida que crecemos vamos evolucionando, vamos trascendiendo; pero irónicamente nos convertimos en la antítesis de lo que algún día, cuando éramos niños, soñábamos.

Hay algo en el corazón de un niño que los adultos debemos redescubrir para poder ser grandes en la vida. Un niño confía, cree, se apasiona, se permite sentir, es genuino, ríe con facilidad, llora cuando es necesario, se ilusiona, sueña en grande, hace amigos con facilidad... ¿Cuánto de esto es difícil de ver en un adulto? Pues en la sencillez de un niño encontrarás la clave para trascender. Y este libro, no solo te inspirará, sino que te acompañará en un hermoso camino de transformación personal para que te conviertas en tu mejor versión, descubras tu propósito y puedas influir en otros.

Un relato cuenta que un padre llevó a su hija a un parque de diversiones, la niña emocionada le preguntó: «Papi, ¿puedes comprarme un algodón de azúcar?». El padre accedió felizmente, pero al ver el inmenso tamaño del algodón de azúcar le preguntó con asombro: «Mi amor, ¿crees poder comerte todo eso?». La niña con una seguridad genuina respondió: «Tranquilo, papi, ¡soy más grande por dentro que por fuera!».

Mientras leas *Trasciende* encontrarás perlas que no solo te inspirarán, sino que te impulsarán a lograr desafíos que nunca pensaste que alcanzarías. Este libro no es simple literatura, es un bidón de combustible y, al mismo tiempo, es la chispa. Creo que, si tienes el deseo de lograr cosas mayores en tu vida, al leer este libro tendrás la determinación y las herramientas para convertir sueños en realidades.

Y quien escribe este libro, puedo asegurarte que no es un escritor común, cada palabra plasmada ha sido antes vivida al máximo por Daniel. Todo lo que escribe está avalado por sus hechos, y esta es la mayor garantía de que *Trasciende* te llevará a trascender.

Prepárate para una experiencia exquisita contigo mismo, tu propósito y tu potencial. Sentirás que cada capítulo será un catalizador para tu liderazgo y te llevará a un mayor nivel de influencia, enfoque y alcance.

Y recuerda: **¡ERES MÁS GRANDE POR DENTRO!**

¡TRASCIENDE AHORA!

Darío Isea

Conferencista inspiracional
Autor del libro ***La línea de lo absurdo***

ÍNDICE

INTRODUCCIÓN

Tomé una caja, metí en ella mis pertenencias y salí de la oficina. Bajé al estacionamiento del edificio; me monté en el carro y salí de ahí. Mil cosas pasaban por mi mente. La verdad no sabría describir la sensación que tuve.

Tomé el teléfono y llamé a mi esposa:

—Amor, me despidieron —le dije.

—No te preocupes. ¡Todo estará bien!

Fue el 12 de septiembre del 2019 el día que recibí mi carta de despido de la empresa para la cual había laborado durante seis años. Fueron 23 años de trabajo ininterrumpidos para la industria bancaria. Apenas estaba iniciando mi carrea en el área del desarrollo personal, y ya me había certificado como coach y conferencista.

Todo sucedió en medio de muchas planificaciones. Estaba a unas semanas del lanzamiento de mi primer libro *Donde existe un deseo, existe un camino*. Estaba emocionado por ese gran acontecimiento, y porque al fin me sentía pleno en el camino que había tomado. La verdad era que sabía que me quedaba poco tiempo en mi lugar de trabajo; pero en mis planificaciones no estaba ser despedido, estaba renunciar.

El caso es que todo aquello me tomó por sorpresa, y no sabía cómo sentirme al respecto. Lo que sí recuerdo es que sentía mucho temor al pensar en cómo podría sostener a mi familia. «¿Tendré lo necesario para empezar de nuevo con 45 años?; ¿Es realmente posible que pueda vivir de mis sueños ahora?», me preguntaba.

Mientras manejaba recordé la noche en la que había sido contactado por esta empresa para la entrevista de trabajo. Tenía una experiencia de 16 años adquirida en otra institución bancaria. Y luego de finalizar esa llamada me dije a mí mismo: «Tu estancia en este nuevo lugar no será muy larga, será el trampolín que te impulsará hacia algo más grande. Algo de lo cual no sabes nada aún».

Al recordar ese suceso me dije: «Daniel, ¿por qué te sorprendes? De antemano sabías que esto pasaría, y que el tiempo que pasaste ahí fue para prepararte integralmente para la nueva etapa que experimentarás».

No obstante, en ese momento, apareció una nueva interrogante en mí: «¿Cuál es el siguiente paso ahora?». Fue ahí cuando las palabras «vivir con propósito» tomaron un significado diferente en mi vida.

«El propósito no se encuentra en la autosatisfacción, sino en utilizar nuestros talentos para servir a los demás».

Daniel Castell

El camino hacia el propósito

En su sentido más elemental, el propósito es la razón por la cual algo ha sido creado. Por ejemplo, un vaso y una taza de café, aunque son parecidos, fueron diseñados para una función distinta. La taza tiene características diferentes a la del vaso; en primer lugar, porque consta de un asa que evita que te quemes con el líquido caliente que usualmente se vierte en ella. El vaso, por lo regular, es de un material diferente al de la taza, y no tiene el asa, porque no se usa para colocar líquidos calientes en él.

Esta misma analogía nos permite ilustrar lo que sucede con el ser humano: aunque todos poseen información genética, cada uno ha sido diseñado para una función específica. Los talentos, las habilidades, las fortalezas... todo esto fue dado al hombre para que cumpla su rol. Con todo, el gran reto está en descubrir esos talentos y utilizarlos en su magnitud para cumplir con el propósito.

«Mientras no descubras un propósito impulsor para tu vida, todo lo que estás haciendo es existir».

Rick Warren

Las personas que cumplen con propósitos que benefician a otras son más saludables y felices. Por lo tanto, es vital para el bienestar y buen vivir conectar con el propósito. En la medida que la gente madura, debido a la progresión de las diferentes etapas de la vida, empieza a analizar las circunstancias de una manera más profunda. Como consecuencia, aparecen las famosas preguntas existenciales: ¿Para qué estoy en este mundo?; ¿Cuál es mi propósito?

En ocasiones, responder a esas interrogantes toma meses e incluso años, debido a que las respuestas se hallan dentro de un proceso de autodescubrimiento. Conviene subrayar, sin embargo, que existen dos aspectos que facilitan el descubrimiento del propósito: los talentos naturales y la pasión singular. Benjamin Franklin dijo: «No escondas tus talentos, ellos fueron creados para ser usados. ¿Para qué serviría poner un reloj de sol en la sombra?». Mas adelante, en uno de los capítulos de este libro, se desarrolla ampliamente el tema de los talentos y la pasión.

Algunos creen que vivir una vida con propósito está reservada solo para personas con mentes brillantes. Eso no es cierto. Esa forma de pensar mantiene a muchas personas viviendo muy por debajo de sus capacidades, y conformándose con lo que tienen, sin darse la oportunidad de vivir la vida que realmente desean.

El propósito general en la vida de todo ser humano es utilizar sus talentos naturales y colocarlos, de manera intencional, al servicio de las demás personas; es buscar la oportunidad de servir con ese gran regalo que le fue entregado, aunque le cause alegría o dolor. Es, en definitiva, salir a vivir por algo más grande que él mismo.

Lo asombroso de todo esto es que algunos estudios afirman que solo el 4 % de las personas logran conectar con su propósito. Esto es porque la mayoría de ellas, en algún momento, han perdido la conexión con su yo verdadero. Muchas de ellas no saben ni quienes son.

¿Alguna vez te has preguntado **quién eres**? Es de suma importancia que lo sepas. Porque una vez que abraces a esa persona original que eres podrás aprovechar tus fortalezas, y comenzarás a tener una vida con propósito. Nadie podrá detener el avance arrollador de alguien que sepa quién es y qué vino a hacer.

¡Trasciende! Principios de vida y liderazgo que impactan fue creado para ayudar al lector a dilucidar sus dudas sobre su propósito de vida, para potenciar sus talentos y capacidades hasta el punto de trascender y perpetuarse en el tiempo. Este ejemplar representa una guía práctica, clara y digerible para conectar con el propósito.

Espero que mis palabras puedan generar oportunidades para ti y servir para ayudarte a encontrar tu camino. He colocado mi corazón en cada una de estas páginas, con la esperanza de que serán de gran beneficio para tu superación y desarrollo personal.

*Gracias por adquirir este libro. Estoy muy agradecido porque estás apostando por tu crecimiento integral. Para mí es un gran honor servirte, para eso he nacido. Mi deseo es que **trasciendas** a través de tu propósito. ¡Y vamos a lograrlo juntos!*

Daniel Castell

Capítulo

EL PROPÓSITO DE LA VIDA

« *Hay dos momentos importantes en la vida de una persona: primero el saber cuándo se nace y segundo el cuando descubre para qué se nace* »

Mark Twain

Una taza de café en mis manos, la tierna sonrisa de mi hijo y el abrazo cálido de mi esposa, fueron las señales perfectas para entender que todo estaría bien. Esa era una mañana especial para mí, pues luego de vivir tantos años a merced de mis temores por el futuro, por la estabilidad económica y por el estrés generado por mi empleo, sentía que había hallado el sentido de mi vida. Tenía abrazada a mi pecho la alegría de saberme un ser con un propósito diseñado por Dios. ¡Qué linda mañana con olor a café!

Durante las primeras dos semanas después de ser despedido decidí no ocuparme en nada que me impidiera reflexionar. Quería escuchar mi voz interior, deseaba meditar sin prisas en los próximos pasos que debía dar. Necesitaba descansar.

Fueron 23 años ininterrumpidos de trabajo en diferentes entidades bancarias. Solo en mis vacaciones anuales podía tomarme una pausa. Mi rutina de trabajo era algo acelerada, pero con el paso de los años le agarré el gusto. Me sentía satisfecho por lo que hacía, pero no feliz. Me encontraba inmerso en lo que se conoce como «la carrera de las ratas», haciendo las cosas una y otra vez, en piloto automático.

Cuando analizaba mi situación me animaba al pensar en todos los aprendizajes que había obtenido allí. Sin embargo, aquella sensación de alegría pronto se desvanecía al notar que no me emocionaba la idea de dedicarme al sector de la banca toda mi vida. Qué duro es darte cuenta de que algo puede gustarte, pero no apasionarte.

Así empezó mi pequeña crisis de propósito. Es como emprender una búsqueda en el lugar equivocado, eventualmente te darás cuenta de que ahí no es. Yo estaba buscando algo, para ese momento no tenía muy claro cómo lo hallaría, solo sabía que ahí no lo iba a encontrar.

Sabía a qué quería dedicarme; siempre imaginaba cómo quería que fuera mi vida y visualizaba el impacto que deseaba tener; por ende, debía pensar bien en la decisión que tomaría. Solo deseaba hacer de mis sueños una realidad, y este parecía ser el momento oportuno para tomar esa decisión.

«Los ojos que miran son muy comunes, pero los ojos que ven son muy raros».

Myles Munroe

Un propósito para ti

Sé que existen personas que piensan que el propósito de vida es una fantasía, y no las juzgo, porque sé también que este es un tema muy mal explicado, principalmente porque hay tantos propósitos como personas en el mundo. Lo cierto es que no existen dos personas con las mismas huellas dactilares. No hay una cebra igual a otra, cada una tiene su propio patrón de rayas. No existen dos copos de nieve iguales... ¡Toda la creación es singular y funcional!

Cada ser humano es un diseño exclusivo y especial. Por lo tanto, cuando nos capacitamos en nuestras áreas de interés, solemos ser los mejores. Todos debemos saber y meditar en esto: somos útiles, importantes y capaces de lograr todo lo que nos propongamos —siempre y cuando seamos realistas y trabajemos en ello con pasión—.

Nuestra existencia tiene un propósito. No sé tú, pero yo nunca he soñado con estar frente a un grupo de personas tocando la guitarra de forma magistral; jamás me he visualizado como un afamado arquitecto. Mi sueño siempre ha girado en torno a las personas, a entregar mis conocimientos para proporcionar inspiración y sembrar sueños. Los que leyeron mi primer libro saben todo lo que sucedió cuando descubrí mi propósito.

Ahora bien, cabe preguntarse: ¿Por qué hay tantas personas insatisfechas y carentes de toda ilusión? ¿Por qué tanta gente se levanta cada mañana a trabajar solo para recibir un pago mensual? La respuesta es sencilla: Porque no conocen cuál es su propósito de vida. Por esta razón no pueden experimentar la verdadera felicidad. Imagina por un momento cómo sería llegar al final de tus días y darte cuenta de que nunca viviste de verdad, que no llegaste a ser la persona que viniste a ser, que no viviste, sino que sobreviviste.

Muchas personas pasan los mejores años de su vida viendo la televisión o enfocadas en actividades que las alejan de tener una vida con propósito. Esto hace que mueran a los 30 años y que sean enterradas a los 80. ¡Haz todo lo posible para que esto no te suceda a ti!

En este sentido, no debemos confundir la meta con el propósito. La meta está asociada al término de una carrera u objetivo. Mientras tanto, el propósito es incesante; nunca termina. De él solo sabemos cuándo y cómo inicia. Quizás te estés preguntado qué es el propósito de vida y cómo se descubre. Lo primero que debemos entender es que este no es un episodio aislado que sucede en un momento de éxtasis, sino un proceso que inicia con una introspección y al que se debe volver a recurrir un sinfín de veces. Inicia con la disposición y determinación de ser de utilidad en la vida de los demás, usando nuestros talentos, recursos, dinero, estudios, etc.

Descubre cuál es tu propósito de vida

¿Lo que hoy haces es lo que realmente quieres hacer? ¿Estudiar lo que estudias y trabajar de lo que trabajas es lo que más te apasiona? Con respecto a esto, quiero darte dos de los fundamentos más importantes sobre el descubrimiento del propósito:

1. Si no te conoces a ti mismo, no podrás conocer tu misión de vida.

2. Si no curas tus heridas y te perdonas, no podrás vislumbrar tu misión de vida.

La carencia de propósito genera un vacío emocional insoportable; se siente como estar perdido a sabiendas de que nadie va a encontrarte. En mi caso fue así. Viví muchos años preso de emociones dañinas, solo viendo cómo la vida se desvanecía ante mis ojos. Es por ello que tengo autoridad para hablarte de esto, porque lo sufrí en carne propia. Puedo entenderte. Recuerdo haber pasado noches enteras pensando en mis limitaciones, analizando mis errores y viendo en ellos que ningún placer me generaba el impulso suficiente para seguir vivo.

A pesar de todo, poco a poco fui descubriendo las respuestas a todas mis preguntas existenciales. Pero yo las busqué, porque era evidente para mí que no iban a aparecer de la nada. La primera verdad que me despertó fue saber que, en efecto, todos poseemos talentos y facultades únicas. Sí, mi estimado lector, ¡eres un ser maravilloso e irrepetible! Y esta verdad debes creerla tú primero, y después todos serán testigos de tu increíble potencial.

Sé que no es fácil descubrir nuestro propósito de vida. A unos les resulta más complicado que a otros. Pero lo importante es que siempre se puede hallar, sencillamente porque todos tenemos uno. La dificultad en torno a esto está en que muchos solo buscan respuestas intelectuales a un hecho que es, en esencia, parte de la espiritualidad del hombre.

En tal sentido, el primer punto de enfoque para saber cuál es tu gran propósito de vida es mirar dentro de ti. Nadie mejor que tú mismo para descubrir y dirigirte hacia tu objetivo de vida.

Además de esto, quiero darte dos actividades prácticas que te ayudarán a descubrir tu propósito:

1. Identifica tus talentos naturales

El talento es la facultad que se tiene para realizar una actividad de manera magistral. Este suele estar asociado a habilidades innatas o a dones. Por ello, la persona que es talentosa en alguna disciplina puede trabajar en ella con relativa facilidad.

Cada ser humano es poseedor de un talento especial y ese es nuestro regalo. Algunos tienen talento para la comedia, por lo que sus conversaciones generan risas espontáneas. Esa es una gracia muy especial porque a través de ella se le puede mejorar el día a alguien. Asimismo, existen otros cuya gran habilidad es la comunicación pública, estos son capaces de persuadir con gran perspicacia y sin demasiado esfuerzo.

Otras personas tienen el talento de cantar, y lo hacen de manera tal que logran que miles se mantengan quietos y silenciosos solo para escucharlas. Querido lector, ¡tú también estás lleno de virtudes que te hacen único! Solo tienes que descubrirlas.

Lo maravilloso de que todos sean poseedores de talentos es que, aunque dos ejerzan una misma actividad, cada uno de ellos la hará de manera especial y única. Cada persona tiene una historia de vida diferente, por lo que el talento se integra y fortalece según las experiencias de cada una de ellas. Lo importante en cada caso es saber identificarlo. Pero debes saber también que el ejercicio de un talento no es garantía de haber hallado el propósito de vida. Como acabo de señalar, tienes que aprender a discernir. Por ejemplo, en mi caso, mi trabajo en la industria bancaria me permitió desarrollar mis habilidades interpersonales. Poco a poco me di cuenta de que amaba enseñar e inspirar a las personas, pero no desde la posición en la que estaba.

Por lo tanto, ten cuidado con solo dedicarte a actividades que haces bien pero que no te permiten desarrollar cabalmente tus fortalezas naturales. Esto pudiera alejarte de tu objetivo primario y encadenarte al conformismo. El teléfono celular, por ejemplo, fue creado específicamente para satisfacer la demanda de comunicación móvil; sin embargo, bien pudiera fungir de pisapapel, ¿verdad? ¿Ves cómo se puede limitar el poder de algo cuando no es utilizado de la manera correcta? Pues así mismo ocurre con nosotros.

Cabe acotar, además, que otra de las dificultades para descubrir la gran misión de vida, es prestar demasiada atención a comentarios u opiniones de otras personas. Las opiniones son solo eso, opiniones, y ellas no son tu realidad. Por lo tanto, no eres un comentario negativo; eres quien tú decidas ser.

En cierta oportunidad, Ben Wallace, exjugador profesional de baloncesto y miembro del Salón de la Fama, expresó: «Cuando empecé a jugar baloncesto quería tirar como Larry Bird, pasar como Magic

Johnson, saltar como Michael Jordan, y nada de eso me funcionó». Él no fue seleccionado inicialmente por ningún equipo de la NBA; sin embargo, tiempo después, llegó a ser campeón, y lo más impresionante es que en su trayectoria de 16 años como jugador, fue escogido cuatro veces como el Jugador Defensivo del Año.

La historia de Ben Wallace nos enseña que cuando nuestra mirada está fija en las fortalezas de otras personas, no podemos conectar con nuestro propósito. Esto puedo certificarlo con mi propia experiencia de vida.

«Enfócate en tu fortaleza y harás la diferencia».

Daniel Castell

Cierta noche, en la que paseaba con mi esposa e hijo, nos encontramos a uno de mis profesores del colegio, muy querido por mi madre, por cierto. De inmediato nos abrazamos con alegría y empezamos a conversar de diversos temas. En esa ocasión él estaba junto con su esposa, quien también me conocía desde muy joven. Mientras hablábamos, ellos se emocionaron mucho al saber a lo que me estaba dedicando. Nuestra charla transcurrió de lo más normal, hasta que él reveló:

—Dany, recuerdo cuando los demás profesores no daban ni una moneda por ti, y yo tenía que intervenir en sus conversaciones para decirles que esa no era la forma de hablar de un alumno. Muchos de esos profesores —añadió— hoy no viven.

Sus palabras fueron una sorpresa para mí, pues no tenía idea de que este era el sentir de algunos de mis profesores. Estuve reflexionando durante algunos días sobre eso, y me di cuenta de que es cierto: no importa lo que los demás piensen o digan de nosotros, sobre todo, si son comentarios despectivos. Al final, nosotros labraremos nuestros destinos.

Hoy mi corazón está tan lleno de pasión y de sueños que mis ojos se humedecen cuando veo que logré inspirar a alguien a ser mejor. Puedo decir con propiedad que nací para utilizar el talento que Dios me dio, para sembrar sueños, esperanzas y despertar posibilidades dormidas en las personas.

Veo a cada persona, cliente o amigo como una mina de oro: especiales y valiosos. Hoy me gusta vivir mi vida de manera intencional, disfrutando y compartiendo la labor que realizo. Cuando veo mi vida en retrospectiva entiendo por qué este es mi propósito.

«Cuando descubrimos nuestro propósito de vida nos invade una sensación de plenitud y alegría. Y lo más hermoso de todo es que este siempre está ligado al servicio de la humanidad».

Daniel Castell

Por otro lado, es importante que sepas que tu propósito es directamente proporcional a tus capacidades. Es decir, tu gran talento tiene mucha relación con la persona que eres. Así que mientras intentas descubrir tu llamado mantente alerta y sé consciente de tus fortalezas y debilidades.

2. Descubre qué te apasiona

Oskar Schindler, fue un espía austríaco del Servicio de Inteligencia Militar de la Alemania nazi y empresario del siglo XX, quien invirtió parte de su fortuna para salvar la vida de aproximadamente 1 200 judíos durante el Holocausto.

En pleno Holocausto, Schindler redactó una lista en la que incluyó a más de un millar de judíos o disidentes del nazismo. En ella registró los nombres de todos los trabajadores que eran indispensables para mantener su fábrica de utensilios de cocina y munición, ubicadas en las actuales Polonia y la República Checa. Su elocuencia para hacer negocios le permitió convencer a los nazis de la veracidad de su argumentación, presuntamente mercantilista.

Todos los enumerados en dicha lista se libraron de las cámaras de gas del campo de concentración de Auschwitz. Su historia se cuenta en la novela *El arca de Schindler*, publicada en 1982, y en la película que se basa en ella, *La lista de Schindler*

(1993). En esta última se lo presentó, en principio, como un hombre hedonista que solo buscaba sacar beneficios de la situación; sin embargo, debido al acercamiento con sus empleados y a la situación del exterminio, Oskar se convirtió en un ser vulnerable y misericordioso. Según la película, Schindler sintió gran dolor al darse cuenta de que había malgastado mucho dinero en lujos y no en la salvación de más vidas.

El sacrificio de este hombre le costó la ruina económica, pero se ganó la admiración del mundo. En 1962 el Yad Vashem —la institución memorial del Estado israelí para las víctimas del Holocausto— invitó a Schindler y a su esposa a una ceremonia en su honor y les otorgó la condecoración de «Justos entre las Naciones», una distinción reservada a personas no judías o extranjeras, que ayudaron o protegieron a las víctimas del Holocausto.

Schindler murió el 9 de octubre de 1974, y el Estado de Israel le concedió un último honor: ser enterrado en Jerusalén, en el Cementerio del

Monte Sión, acontecimiento realmente inusitado en la cultura hebrea. Así fue como un nazi se convirtió en héroe.

Con respecto a esta historia quiero preguntarte: ¿Estás utilizando lo que tienes para ayudar a solventar un problema o un dolor ajeno?; ¿Piensas con regularidad de qué forma puedes utilizar tus estudios, dinero y talentos para ayudar a otros? Muchos desean grandes éxitos en la vida sin tener que sacrificar algo. Siempre debes tomar en cuenta que el propósito común de la humanidad es servir. Necesitamos mirar más allá de nosotros mismos para poder hallar nuestro propósito.

La pasión mueve al mundo. Es fácil distinguir a alguien que realmente vibra con su vida e imprime un entusiasmo especial a sus palabras, acciones y al modo de relacionarse con el resto. Tener pasión y propósito debe ser nuestro principal objetivo de vida.

La pasión es un sentimiento intenso y desbordante que sobrepasa las fronteras del dolor y la adversidad. Es esa poderosa llama que te permitirá trabajar cuando otros descansan ¡y disfrutar mientras lo haces!

¿Estás inyectándole pasión a lo que haces hoy en día? La respuesta a esta pregunta pudiera convertirse en un punto de partida para saber qué tan cerca estás del gran objetivo de tu vida.

La pasión no siempre se manifiesta de forma evidente en nuestras vidas. De hecho, a muchas personas les toma años descubrir qué les apasiona. Ahora bien, debemos entender un punto importante: la raíz etimológica de la palabra «pasión» es «sufrimiento», por lo tanto, cuando algo te apasiona no necesariamente te proporcionará felicidad inmediata. La pasión te impulsará a seguir adelante en medio de tus sufrimientos.

«La pasión llevará a los hombres más allá de ellos, de sus limitaciones y de sus fracasos».

Joseph Campbell

No seas de los que no descubrieron qué era lo más importante en sus vidas, hasta que fueron demasiado mayores para hacer algo al respecto. No seas de aquellas personas que pasaron sus mejores años persiguiendo cosas que al final poco importaron. No te sumerjas en el engaño de la sociedad que solo nos invita a llenar nuestras vidas de bienes materiales. Debemos entender que cada día es un regalo maravilloso para hacer la diferencia en la vida de otros, para impactar de manera positiva en nuestro entorno, a nivel personal y profesional.

Pregúntate una y otra vez: «¿Cómo puedo ser de utilidad?». ¡Vive para algo más grande que tú! Todos y cada uno de nosotros estamos aquí por una razón, por un propósito especial. Toma en cuenta que ese propósito no se circunscribe a enormes escenarios ni mucho menos a la fama; el objetivo de tu objetivo es ponerte al servicio de los demás, desde cualquier contexto en el que estés, desde cualquier labor que realices. El amor al servicio es un rasgo distintivo de los grandes líderes.

No existe un trabajo insignificante en el mundo. Todo trabajo es una oportunidad para expresar nuestro propósito. El gran Martin Luther King expresó una de las verdades más maravillosas que he leído: «Si un hombre es llamado a ser barrendero, debería barrer las calles incluso como Miguel Ángel pintaba, o como Beethoven componía música o como Shakespeare escribía poesía. Debería barrer las calles tan bien que todos los ejércitos del cielo y la tierra tengan que detenerse para decir: "Aquí vivió un gran barrendero que hizo su trabajo de excelente manera"». Si vivimos de esta forma, todo lo que hagamos se convertirá en fuente de inspiración para otros.

Estimado amigo, recuerda que el propósito tiene que ver con:

- Dar más allá de lo debido.
- Servir más allá de lo que creemos posible.
- Soñar más allá de lo razonable.
- Amar más allá de lo recibido.
- Ver por encima de nuestros intereses.

¿Te atreves a entregarte en cuerpo y alma por tu gran objetivo trascendental?

La importancia del propósito

Poseer un propósito de vida es muy importante y genera grandes beneficios. Él no está asociado a la fama, sino al cumplimiento de la asignación que viniste a hacer en esta vida. En otras palabras, se trata de ser la persona que viniste a ser, de utilizar tus talentos para ser de influencia en este mundo. Esto quiere decir que sin importar cuántas personas lean o compren tu libro, o cuántas asistan a tu conferencia o conversatorio, ¡tú debes ir y cumplir con tu propósito!

«Llama hasta que alguien conteste, escribe hasta que alguien lea, habla hasta que alguien escuche, pinta hasta que alguien admire».

Daniel Castell

Ten presente que Alexander Graham Bell creyó que el sonido se podría convertir en impulsos eléctricos y que este podía ser transmitido por un cable. Lo interesante es que nadie recuerda a toda la gente que pensó que Bell estaba loco; hoy solo recordamos al hombre que tuvo la visión de crear el teléfono.

Beneficios de poseer un propósito de vida

Los beneficios de cumplir con nuestro llamado son incalculables; con todo, intenté delimitar solo cinco de ellos:

1. **Construye y fortalece el carácter:** Cuando descubrimos nuestro propósito nos llenamos de fortaleza interior. Además, nuestro carácter se vigoriza porque aprendemos a vivir conforme a la firme convicción de permanecer fieles a nuestros principios, objetivos y metas, aunque estas parezcan imposibles de alcanzar y requieran de muchos sacrificios.

2. **Vives con mayor entusiasmo:** El propósito nos llena de vitalidad y energía. Con él hacemos cosas que, en un estado normal, jamás haríamos.

Nuestras mañanas tendrán un ambiente entusiasta pese a las dificultades de la vida.

3. **Te vuelves eficaz:** Al tener un propósito claro, ya no ocupamos los días en actividades sin sentido, porque ya nos hemos comprometido con algo más importante y significativo.

4. **Es una de las claves para el éxito:** Las personas más exitosas del mundo iniciaron con una visión de aquello que deseaban alcanzar y de cuál era su propósito de vida. Por tal motivo, estar claros sobre cuál es nuestro gran objetivo en la vida nos permitirá estar en una mejor posición para alcanzar el éxito que deseamos.

5. **Te inspira y te impulsa a perseverar:** La inspiración que se produce al saber que lo que estamos haciendo aporta directamente al propósito de vida es increíble. Un propósito claro es una gran fuente de energía.

Ejercicios prácticos

Encontrar el propósito de vida no es tarea fácil, por ello, te compartiré 10 preguntas claves que seguramente te ayudarán a descubrir tus talentos naturales:

1. ¿Qué es lo que más disfrutas hacer?

2. ¿En qué actividad pierdes la noción del tiempo?

3. ¿Qué te hace sentir lleno de vida, satisfecho y completo?

4. ¿Cuál actividad exige de ti mucho sacrificio y esfuerzo, pero te divierte hacerla?

5. Si pudieras mejorar la vida de las personas en algún aspecto y tuvieras el permiso y los recursos para hacerlo, ¿cómo lo harías?

6. Si te garantizaran el éxito en cualquier actividad, ¿a qué te dedicarías?

7. ¿Qué actividad te permite compartir lo mejor de ti?

8. ¿Qué tipos de libros te atraen? ¿Qué es lo que más te gusta ver en Internet?

9. ¿Por qué cosas quieres que te recuerden? ¿Qué legado quieres dejar al mundo?

10. ¿Para qué te buscan las personas?, ¿en qué eres bueno?

Una vez que hayas encontrado ese gran propósito de vida tus días no serán iguales, pues te levantarás cada mañana dispuesto a dar lo mejor de ti para cumplir con tus metas.

Principios de capítulo

- El primer punto de enfoque para saber cuál es tu gran propósito de vida es mirar dentro de ti. Nadie mejor que tú mismo para descubrir y dirigirte hacia tu objetivo de vida.

- La carencia de propósito genera un vacío emocional insoportable; se siente como estar perdido a sabiendas de que nadie va a encontrarte.

- El propósito es incesante; nunca termina. De él solo sabemos cuándo y cómo inicia.

- Tu propósito es directamente proporcional a tus capacidades.

- Tener pasión y propósito debe ser nuestro principal objetivo de vida.

- Cuando nos capacitamos en nuestras áreas de interés, solemos ser los mejores. Todos debemos saber y meditar en esto: somos útiles, importantes y capaces de lograr todo lo que nos propongamos.

- No seas de los que no descubrieron qué era lo más importante en sus vidas, hasta que fueron demasiado mayores para hacer algo al respecto.

Capítulo **2**

¡POTENCIA TUS PENSAMIENTOS!

*Alimente grandes pensamientos,
pues nunca llegará más alto que sus
pensamientos*

Benjamin Disraeli

Estoy ayudando a poner a un hombre en la luna», dijo un limpiador de la NASA al trigésimo quinto presidente de los Estados Unidos, J. F. Kennedy. Esta respuesta que, según una famosa anécdota, expresó un limpiador de la NASA al presidente cuando este le preguntó sobre su trabajo quizás no es real; sin embargo, es un gran ejemplo de cómo se piensa cuando estamos conectados con nuestro propósito.

Las palabras de este sencillo caballero nos muestran la importancia de los pensamientos. Ellos bien pudieran convertirse en una catapulta que nos impulse al más grande de los éxitos o, por el contrario, conducirnos a un túnel lóbrego de absoluta miseria.

La calidad de los pensamientos de una persona está directamente asociada a la calidad de sus resultados. Es por esto que muchas no logran dar el primer paso hacia sus sueños. Si tus pensamientos son pobres, tus resultados serán iguales. Será muy difícil que accedas al descubrimiento de tu propósito si primero no cambias tu forma de pensar. Estoy seguro de que uno de los mayores obstáculos para este descubrimiento es la forma de pensar que muchas personas tienen de sí mismas. Lo digo por experiencia.

El único fruto de un árbol de manzano es la manzana. No importa qué tanto riegues la tierra o cuántos nutrientes para uvas coloques, solo obtendrás manzanas. Para cambiar el fruto, debes primero cambiar la semilla. Si diariamente te dices que tu vida no tiene sentido, que no tienes propósito o que no eres importante para nadie, no esperes que tu situación cambie por sí sola. ¡Detente!, analiza qué estás pensando y haz los ajustes necesarios. El primero que debe cambiar eres tú, y debes hacerlo de adentro hacia afuera.

El más tonto de la escuela

Un 18 de septiembre de 1951 nació en la ciudad de Detroit, Míchigan, Benjamin Solomon Carson. Su

madre, Sonya Carson, abandonó la escuela en ter-
cer grado, y con solo trece años ya se había casado.
Sin embargo, cuando Benjamin tenía ocho años, su
madre se separó de su esposo al descubrir que tenía otra familia.

Esto causó que ella asumiera la responsabilidad
de Ben y de su hermano mayor Curtis. Ella trabajaba en dos lugares distintos para sostener a su familia, por lo que sufría depresiones constantes. La familia de Ben no podría ser más disfuncional.
Además, él tuvo muchas dificultades a nivel escolar
desde la primaria, llegando a ser el peor estudiante
de su clase. No sabía leer adecuadamente; era ridi-
culizado e insultado por sus compañeros, lo cual
hizo que desarrollara una actitud agresiva.

Ante esta situación, Ben llegó a pensar que no
solo era el niño más tonto de la escuela, sino del
mundo entero. Su vida estudiantil fue complicada
porque, aparte de la antipatía y exclusión expresada
por sus compañeros, al ser una escuela predomi-
nantemente blanca, con frecuencia era ignorado

por sus maestros. A pesar de esto, su madre le decía: «Ben, todos pueden hacer lo mismo, pero nadie lo hará como tú».

Un día, cuando la madre de Ben estaba haciendo labores de limpieza en la biblioteca de la casa donde trabajaba, se quedó fascinada por la cantidad de libros allí reunidos. En ese momento le preguntó al dueño de esa casa si había leído todos esos libros, a lo que él respondió: «Casi todos».

Esa respuesta abrió la mente de la madre de Ben, y desde ese momento tomó la decisión de limitar el uso de la televisión y negar las salidas a jugar a sus dos hijos, hasta que hubiesen terminado la tarea de cada día. El trato consistió en permitirles ver exclusivamente dos programas a la semana, pero solo si leían dos libros de la biblioteca pública, para lo cual tenían que escribir las reseñas correspondientes —a pesar de que, debido a su propia falta de educación, ella no sabía leer muy bien—.

Con el paso del tiempo, Ben aprendió a disfrutar de la lectura y de la música clásica. Su imaginación floreció y empezó a verse de forma diferente: «¡No creo que sea un tonto!», se dijo feliz.

Un día, mientras caminaba hacia la biblioteca, encontró una piedra; esta le llamó la atención y decidió estudiarla. Posteriormente, en una clase de Ciencias, por cosas del destino, el profesor llevó una piedra de aspecto similar y preguntó:

—¿Alguien sabe algo sobre esta piedra?

Todos se quedaron en silencio, Ben tampoco levantó la mano por vergüenza, ¿y cómo hacerlo si era considerado el más tonto del salón? Sin embargo, después de unos segundos, encontró el valor para hacerlo.

Cuando levantó la mano todos lo miraron esperando la respuesta; seguro esperaban que dijera alguna locura.

—Esa piedra es obsidiana, llamada a veces «cristal volcánico», es un tipo de roca ígnea, roca volcánica perteneciente al grupo de los silicatos, con una composición química de silicatos alumínicos y un gran porcentaje de óxidos silícicos...

Al concluir su explicación, un silencio tormentoso impregnó la sala. Ese día Ben descubrió un talento que lo conectaría con su propósito. Ante la mirada incrédula de sus compañeros y maestros, pasó de ser «el alumno más tonto de la escuela» a ser el más sobresaliente. Se graduó con honores.

Benjamin Carson, hoy en día líder mundial en Neurocirugía Pediátrica, es considerado uno de los 20 principales médicos y científicos de Estados Unidos y una de las 89 «leyendas vivientes». También fue galardonado con la Medalla Spingarn, el más alto honor otorgado por la Asociación Nacional para el Avance de las Personas de Color (NAACP). Además, obtuvo la Medalla Presidencial de la Libertad, la más alta condecoración otorgada a un civil en EE. UU. Nada mal para alguien que fue «el más tonto de la escuela».

«Si juzgas a un pez por su habilidad para trepar un árbol, vivirá toda su vida creyendo que es un inútil».

Albert Einstein

La historia de Benjamin se parece a la mía, ya que durante algún tiempo me consideré la persona con el coeficiente intelectual más bajo del mundo —esto lo explico en detalle en mi primer libro—. Con todo, cuando di pasos para descubrir mis talentos, empecé a ver la vida desde una perspectiva diferente.

¿Cómo nos vemos?

Si en el pasado alguien me hubiera dicho que en mi futuro escribiría libros, me convertiría en *coach* y daría conferencias, creo que me hubiera reído y le hubiera dicho: «¡¡Estás loco!! ¡No es posible! ¿Yo, escritor y conferencista? ¡No puedo!».

Mis pensamientos sobre mí mismo no estaban conectados con los deseos de mi corazón. Mi corazón deseaba que fuera un gran conferencista, una fuente de inspiración y ejemplo para miles, pero mi mente me decía: «No tienes las capacidades para lograrlo. No eres nadie». Este es un error muy frecuente y lamentable, porque si no logramos domar nuestro entendimiento, si no podemos ser razonables y honestos con nosotros mismos, entonces no podremos consolidar ninguna victoria.

Si conquistas tu mente, podrás conquistarlo todo; pero debes saber que este es un trabajo de todos los días, debido a que los pensamientos establecen creencias.

«Las personas nunca alcanzarán lo que ellas mismas no se ven haciendo».

Karen Ford

Si lo que crees de ti no te permite experimentar una vida plena, descubrir tus talentos y conectar con tu propósito, entonces pudieras estar atesorando creencias limitantes y dañinas, por lo que deberás trabajar en ellas.

Cambia tu manera de pensar y cambiarán tus creencias. Si no generas un nuevo sistema de creencias serás víctima de ideas destructivas, las cuales te harán depender de los pensamientos y de las opiniones de los demás.

Por fortuna, estamos en la era de mayor desarrollo en las comunicaciones y los conocimientos, por lo que ahora tenemos mayores posibilidades de descubrir e identificar cuándo algo no va bien con nosotros. Gracias a libros como este todos podemos aprender de inteligencia emocional, uno de los temas más ignorados en las escuelas y más problemáticos de nuestros tiempos. En tal sentido, quiero ofrecerte tres frases que te permitirán gobernar tu mundo interno:

✓ «El cambio es personal; necesito cambiar mi forma de pensar si deseo descubrir mi propósito».

✓ «El cambio sí es posible. ¡Soy capaz de cambiar!».

✓ «El cambio traerá grandes beneficios a mi vida».

No caigas en la mentira de creer que luego de cierta edad no hay nada que puedas hacer. Siempre puedes cambiar tu forma de pensar, de verte a ti mismo. Cuando la creencia negativa que tienes acerca de ti es eliminada puedes ver la transformación en tu vida.

Toma en cuenta que una creencia no es solo un juicio o una idea acerca de algo o alguien, es también una idea que te posee, por cuanto está dentro de ti. Las creencias tienen un poder extraordinario, por ello hay que evaluarlas constantemente. A mí se me hace increíble recordar la forma tan dañina en la que pensaba de mí mismo. «¿Cómo es que pude llegar a tanto?», me pregunto hoy en día. Incluso las personas se quedan sorprendidas y algunas no me creen cuando les cuento algunas de las cosas que llegué a pensar sobre mí.

Las creencias negativas producen un resultado evidente en el comportamiento diario. Por ejemplo, aquellos que viven sumidos en el autodesprecio y la baja autoestima, suelen mantener un perfil bajo y no le encuentran sentido a sus vidas, por lo que viven en piloto automático. Son escasos o pobres en cuanto a sueños y metas; solo ven pasar los días sin mayor entusiasmo.

Ahora bien, ¿cómo es que se generan las creencias limitantes en nosotros? Pues existen diversos factores y uno de los más determinantes está en el desarrollo de nuestras vidas o en la manera en la que fuimos criados. Con todo, quiero compartirte un acróstico que explica *grosso modo* cómo se forman las creencias negativas. Además, te daré seis pasos para eliminar esas creencias y ocho preguntas poderosas que te ayudarán a retarlas y cuestionarlas.

Creas una limitación en tu mente;

Repites y alimentas el pensamiento de manera constante;

Empiezas a sentir y actuar con base en esa creencia limitante;

Estableces en el inconsciente esos pensamientos hasta que te dominan involuntariamente;

Recibes resultados dolorosos y angustiantes, pero repites el proceso una y otra vez.

«Justifica tus limitaciones y ciertamente las tendrás».

Richard Bach

Las creencias limitantes son un aspecto muy importante de la vida, por lo que merecen atención. La mayoría de ellas se forman durante la infancia. Así, por ejemplo, cada vez que te dijeron: «No puedes llorar en público. ¡Eres un varón!»; «¡No vas a lograr nada en la vida!»; «Tu apariencia física no te ayuda»; «Sin un título universitario no eres ni vales nada»..., te marcaron el alma. Esas frases permearon en tu mente y se establecieron en tu inconsciente, y una vez que atraviesan ese lindero son ajenas al control y difíciles de modificar. Cada vez que una creencia limitante penetra en el inconsciente se hace más sólida. Por lo tanto, cuesta mucho reprogramarla; pero ¡sí se puede!

En la toma de decisiones la mente consciente está involucrada en un 5 %, mientras que la mente inconsciente, en un 95 %. Ya podrás imaginarte cuánta influencia genera en nuestro comportamiento una creencia arraigada en el inconsciente. Esta extraordinaria capacidad significa que cuando intentamos pensar en algo conscientemente, el inconsciente ya ha ido y vuelto varias miles de veces.

Bien, ahora sí te compartiré los seis pasos para eliminar creencias limitantes. ¡Presta atención!:

1. Identifícalas

La mejor manera de detectar creencias limitantes es haciéndote preguntas poderosas. Estas pueden ser distintas en cada persona, pero puedes empezar preguntándote «¿por qué?» cada vez que desees algo y tu mente te diga: «No puedes hacerlo u obtenerlo». Ejemplo:

Persona en diálogo interno consciente:

—Quisiera empezar a vender los adornos de cerámica que realizo, quizás a alguien le resulten hermosos. Mis amigos dicen que son increíbles, que lo intente. He recibido felicitaciones por los que me he atrevido a vender. ¿Será que creo un perfil en Instagram y empiezo a publicarlos?

Respuesta inmediata generada por el inconsciente debido a heridas del pasado:

—¡¿Cómo se te ocurre?! ¿Acaso no recuerdas lo que te dijo aquella profesora de Artes en el taller? Dijo que abandonaras las artes plásticas porque no tenías talento. ¿Y qué me dices de lo que dijeron tus tías al ver tus obras?: «Hijo, busca una carrera que te dé dinero. ¡Nadie se sustenta vendiendo adornos!».

Para desmembrar aquella respuesta automática, lo primero que debe hacerse es un análisis de cuestionamiento: «¿Por qué debo oír las odiosas palabras de una "profesora" tan poco profesional y sin importancia para mí? Mis tías dicen que del arte no se vive, entonces ¿por qué Pablo Picasso, Leonardo da Vinci y Salvador Dalí traspasaron fronteras con su arte? ¡Ellas están equivocadas!».

En este sentido, es importante resaltar que hablamos con nosotros mismos aproximadamente unas 14 horas al día, ¡esto es más de la mitad del día! Este proceso se da de manera espontánea, y puede ser en voz alta o en diálogo interno. ¿No te sorprende? Y lo más impresionante es que el 84 % de esas conversaciones son sobre aspectos negativos o sobre preocupaciones que nos roban la paz.

«Lo he vuelto a hacer mal; ¡nunca conseguiré hacerlo bien!». ¡Cuidado con hablarte así! Es muy importante que monitorees lo que te dices, ya sea mental o verbalmente. De alguna manera te haces preso de lo que pronuncias o piensas. Sin embargo, esto no se trata de censurarte, ¡no! Es normal, hasta cierto punto, que te digas lo que no te gusta de ti; pero este proceso solo será nutritivo cuando lo hagas para identificar actitudes o emociones que no te favorecen, para luego erradicarlas.

Debes conocer con exactitud cuáles pensamientos atentan contra tu estabilidad emocional. Analízate y anota los pensamientos que te generen sentimientos de «baja vibración» o te hagan sentir mal.

2. Encuentra el origen

Una vez que tenemos identificada una creencia limitante, nos toca buscar su origen. «¿De dónde viene?; ¿Cómo llegó a mí?; ¿Fue producto de una experiencia traumática o tal vez por alguna frase que me dijeron?».

En ese momento debes sentarte a pensar de manera intencional para formularte esas preguntas y buscarles las respuestas. Una vez que identifiques el origen de tus creencias limitantes estarás en una mejor posición para tomar acción. Solo podrás cambiar algo de lo que eres consciente.

3. Sé guardián de tu mente

¿Dejarías entrar a tu casa a un ladrón? No lo creo. Es absurdo permitir eso. Así también debes impedirles la entrada a los pensamientos de temor e incertidumbre a tu mente.

¿En qué ocupas la mayor parte de tu tiempo?; ¿Qué lees con frecuencia?; ¿Qué estás escuchando?... Saber esta información te permitirá poseer un mayor dominio de lo que entra en tu mente. Tener este libro en tus manos es un buen indicativo; espero que sigas en ello. Cuida tu mente como el tesoro más valioso que se te ha dado.

4. Medita en tus logros

Somos expertos en buscar evidencias para darle credibilidad a una creencia negativa. Pues bien, esa misma estrategia debemos usarla para nuestro beneficio. Debemos darles valor a las virtudes y singularidades que nos hacen únicos; y celebrar una y otra vez nuestros pequeños logros.

¡Comienza hoy!

5. Acciona

No todo es diálogo interno y autosugestión. ¡Hay que pasar a la acción!, lo cual implica que en situaciones en las que se deba aplicar una creencia poderosa, hagamos nuestra parte «física» y nos comportemos en congruencia con aquella nueva creencia que hemos sembrado.

Soy consciente de que esta parte implica muchas dificultades, y más cuando no estás del todo convencido de lo que crees; pero sé que sabes también que los miedos se superan enfrentándolos. Y en esas situaciones de prueba es cuando te superas y te das cuenta de que tienes más poder del que imaginabas, más recursos de los que pensabas y más capacidades de las que creías.

6. Repite todos los pasos si vuelves a equivocarte

Todos pasamos por altos y bajos en nuestro diario vivir, por ello, vuelve al punto número uno cuando hayas olvidado tu identidad y aceptado el dominio de las creencias limitantes en ti.

¡Puedes empezar las veces que sean necesarias! ¡Sé que lo lograrás!

Ocho preguntas poderosas

Las preguntas poderosas son como llaves que abren la mente y el corazón. Es necesario formularlas bien y con propósitos claros.

Quiero que tomes una hoja de papel y escribas tus anhelos más importantes. Ejemplo: «Vivir de una forma plena, descubrir mi propósito, convertirme en agente de cambio», etc. Luego escribe al lado de ellos la razón por la cual sientes que no los has logrado. Así descubrirás creencias limitantes; quizás te sorprendas de lo que escribas. Sin embargo, deberás filtrar esas creencias respondiendo las siguientes preguntas:

1. ¿De dónde viene esa creencia? ¿Cuándo decidiste creer que era cierta?

2. ¿Qué efecto tiene en el logro de tu objetivo creer lo que crees hoy?

3. ¿Cómo sería tu vida de aquí a cinco años si continúas creyendo lo que crees?

4. ¿Qué precio estás pagando por tener esas creencias?

5. ¿Qué hechos verifican esas creencias?

6. ¿Qué hechos desmienten esa forma de pensar? Elabora una lista de evidencias que contradigan esa creencia.

7. ¿Cómo crees que impactará en tu vida la adopción de creencias positivas?

8. ¿Cuál es el primer paso para desarrollar esa nueva creencia potenciadora?

«Al cambiar la forma de pensar cambiará la forma de vivir».

Daniel Castell

Sé una fuente de inspiración

En Panamá, a mediados de los años 90, existía un torneo de baloncesto muy conocido: la Liga San Gerardo de Mayela. En aquel entonces yo jugaba para el equipo de Santa Clara; tenía aproximadamente 19 años.

Esa liga de baloncesto era muy especial para mí, no porque a nivel deportivo hubiera llegado a destacarme, sino porque me dio la oportunidad de empezar a ver la vida de una forma diferente. Además, desarrollé grandes amistades que aún conservo.

En mi equipo estaban dos hermanos: Alex y Andy Lindasy, ellos se convirtieron en mis grandes amigos. Luego de las prácticas del equipo o de haber terminado algún juego, yo me iba a la casa de ellos a compartir con su familia. El padre de mis amigos, el Sr. Keith Lindasy, fue una figura paterna en la que pude verme reflejado. La forma en la que trataba a su esposa e hijos me inspiraba tanto que al verlo pensaba: «Este es el tipo de hombre en el cual deseo convertirme». El éxito empresarial y familiar de los Lindasy es algo que siempre me inspiró.

No siempre me mantuve en el camino correcto, cometí muchos errores; pero el deseo de tener una familia como la de los Lindasy siempre estuvo presente. La verdad era que estaba anhelando algo que nunca tuve; con todo, estaba determinado a convertirme en una persona de ejemplo para los demás.

A inicios del 2020, un poco antes de la pandemia, le envié un mensaje de texto al Sr. Keith extendiéndole una invitación para disfrutar de un café. Sentía que había llegado el momento de expresarle la profunda admiración que sentía por él y el gran ejemplo que fue y era para mí.

Esa mañana, alrededor de las 10:00 a. m., nos encontramos en un café muy cerca de la casa de ambos. Recuerdo con claridad aquel momento: nos saludamos, entramos al lugar y ordenamos un café y algo para comer. Luego procedí a contarle con lujo de detalles lo que significó su trato hacia mí en aquellos años. ¡Qué gran experiencia fue poder decirle que había sembrado en mí una semilla de esperanza! Sentía que ese era el momento apropiado porque, de alguna manera, ya había seguido sus pasos: estaba casado, con hijo y trabajando en mi emprendimiento, luego de haber invertido 23 años de mi vida en una carrera bancaria.

Honestamente no recuerdo haber tenido alguna conversación con el Sr. Keith en la que me haya dado consejos. Para mí su forma de actuar era suficiente. Qué bonito es cuando logramos inspirar a alguien con nuestra forma de conducirnos, más que con nuestras palabras.

Después de que le expresé toda mi admiración al Sr. Keith, su rostro cambió: su mirada no fue como la de alguien que no sabía lo que había hecho; más bien, su rostro fue de satisfacción, como cuando se obtiene el resultado de un trabajo bien realizado. Esto me enseñó que debemos estar conscientes de lo que hacemos y tener la certidumbre de que todo trabajo bien hecho a su tiempo dará un buen fruto.

Siempre estaré agradecido por el amor que esa familia me dio. Las palabras se quedan cortas para expresar todo lo que aprendí en ese hogar solo observando y recibiendo amor incondicional.

> *«Trata a un hombre tal como es y seguirá siendo lo que es; trátalo como puede y debe ser y se convertirá en lo que puede y debe ser».*
>
> **Goethe**

Si no les hablamos a las personas de sueños y de propósitos creerán que son un número más en su lugar de trabajo o en este mundo; además, estarán impedidas para descubrir más de ellas mismas, pues siempre se verán de una forma limitada. Debemos entender que vivir con propósito no es solo un cliché que suena *cool*, es una acción que requiere de responsabilidad.

¿Ya eres todo lo que sabes que puedes ser?; ¿Utilizas tus capacidades al máximo?; ¿Haces lo mejor que puedes?; ¿Usas tus dones, talentos y habilidades hasta el límite?

Una mirada rápida al comportamiento de la humanidad revelará que millones de personas han enterrado sus dones y talentos; desgraciadamente, muchos se conforman con lo bueno y no buscan lo mejor. Por consecuencia, el cementerio es el lugar más rico del mundo: allí se encuentran libros nunca publicados, música jamás expuesta, inventos nunca sacados a la luz y grandes artistas anónimos.

«Un músico debe hacer música, un artista debe pintar, un poeta debe escribir. Lo que un hombre puede ser, debe serlo».

Abraham Maslow

¡Expande tu mente!

Non terrae plus ultra (no hay tierras más allá). Antes de que Cristóbal Colón cruzara el Océano Atlántico en 1492, se creía que la tierra era plana. Asimismo, según la mitología griega, Hércules había puesto dos pilares en el estrecho de Gibraltar que eran considerados el límite del mundo.

En la actualidad tenemos un entendimiento más amplio y desarrollado de las cosas, y la mayoría de las personas cree que la tierra es redonda. Es importante considerar los aciertos, pero también los desaciertos de nuestros antepasados, para que entendamos que, al igual que en ese entonces, hay muchas cosas por descubrir aún y muchos sueños increíbles que cumplir.

Sin duda, nos convertimos en aquello que pensamos, y esta es la razón por la que debemos cambiar la forma en la que pensamos para alcanzar nuevas metas. Por experiencia propia puedo decirte que si pensamos, sentimos y actuamos todos los días de la misma manera, nuestros resultados siempre serán los mismos.

Solo para genios

El cubo de Rubik o cubo mágico es el rompecabezas más famoso del mundo y fue creado en 1974 por el húngaro Ernő Rubik. Recuerdo que cuando lo vi por primera vez pensé que solo podía ser resuelto por genios. Con todo, decidí comprarme uno por si algún día me animaba a resolverlo. Cierto día, intentando retarme, tomé la decisión de armarlo. ¡Y lo logré! Fue así como me di cuenta de que cualquier persona podía lograr tal hazaña, y que a veces solo falta disposición y expandir nuestra mente.

¿Cuándo fue la última vez que aprendiste una nueva habilidad? Los nuevos aprendizajes nos ayudan a mejorar la memoria y a crear nuevas conexiones neuronales. Es como ir a un gimnasio, el cerebro es plástico, por ende, en la medida que lo ejercitamos, más se expande. La mente necesita estímulos, así que procura incorporar en tu día a día actividades que te permitan generar nuevos conocimientos. Por ejemplo, leer diariamente, aprender un nuevo idioma o instrumento musical, inscribirte en un curso de un tema desconocido pero interesante para ti, hacer ejercicios, memorizar nuevas palabras, etc.

«La mente humana, una vez ampliada por una idea nueva, nunca recobra sus dimensiones originales».

Oliver Wendell Holmes

La brutalidad no existe

En cierta oportunidad conversaba con un joven sobre el desarrollo personal y la inteligencia, y de repente él me dijo:

—Daniel, es que soy bruto.

—¿Por qué dices eso? —pregunté asombrado— ¿De dónde sale ese tipo de declaración y creencia?

—La verdad es que muchos de mis conocidos me lo dicen porque no saco buenas calificaciones en la escuela.

No es un secreto que la inteligencia mayormente es medida por el coeficiente intelectual, lo cual es un valor que resulta de la realización de un test estandarizado para medir las habilidades cognitivas y la capacidad intelectual de las personas.

—¿En qué materias vas mal en la escuela? —le pregunté.

—En matemáticas y en otras materias.

Lo curioso es que este joven tiene una capacidad destacable y una pasión increíble cuando habla de otros temas.

—Sí eres inteligente, y quiero que tengas eso muy claro. ¡Eres inteligente en tu propia forma de serlo!, en tu interés particular, y nunca lo olvides.

No puedo negar que escucharlo hablar así me conmovió mucho, pues, así como ese joven, yo también pensaba que era bruto y que la inteligencia en mí no existía. Y la realidad era que no había descubierto mi tipo de inteligencia, es más, ni sabía que eso se podía descubrir.

¿Qué es la inteligencia?

Etimológicamente el concepto de inteligencia podría tener su origen en la palabra compuesta latina *intelegere*, «elegir entre», lo que indica la cualidad del que sabe escoger entre varias opciones. Ser inteligente es saber escoger la mejor alternativa entre varias. Entonces, ¿estamos escogiendo bien entre las opciones disponibles o simplemente nos estamos dejando llevar por las masas?

Situaciones como las vividas con mi joven compañero, me han impulsado a eliminar de mi vocabulario la palabra «bruto», pues considero que no existe tal cosa. Lo que sí existe son personas con diferentes intereses y tipos de inteligencias. Por lo tanto, cuando alguien no descubre ni desarrolla a tiempo su tipo de inteligencia puede verse expuesto a la depresión y sentirse bruto e incapaz. Es por ello que muchos jóvenes y adultos entierran sus talentos, sus sueños, pasiones y propósito porque no son considerados inteligentes a los ojos de los demás.

Por desgracia, muchas veces somos juzgados por nuestra incapacidad de llevar a cabo ciertas tareas y no por nuestra facultad de realizar aquellas para las cuales hemos sido mayormente dotados. Debemos entender que cada ser humano es diferente y cada uno aporta a su entorno desde una inteligencia única y singular.

Inteligencias múltiples

Descubrir cuál es nuestro tipo de inteligencia está relacionado directamente con hallar nuestro propósito. Este, una vez descubierto, nos permite tener una vida personal y profesional con mayor significado y satisfacción.

Las inteligencias múltiples pluralizan el concepto tradicional, pues estas se delimitan hasta el punto de determinar las habilidades centrales de cada individuo, para la operación fluida de cada inteligencia. Este concepto fue propuesto por el psicólogo estadounidense Howard Gardner, y reconoce las diversas habilidades y capacidades que puede poseer una persona.

A principios de los años 80, Gardner propuso una teoría que revolucionó la educación a nivel mundial: la teoría de las inteligencias múltiples. Esta es una propuesta del campo de la psicología cognitiva que rechaza el concepto tradicional de inteligencia y los métodos para medirla. Según este punto de vista, la inteligencia es un concepto plenamente relacionado con la creatividad. Por tanto, la inteligencia no es un parámetro universal, y si cada persona tiene un perfil de inteligencia distinto, resulta evidente que los procesos de aprendizaje y su sistema de evaluación deben valorar aspectos como las capacidades individuales, la constitución cerebral, el entorno y el contexto cultural.

Algunas personas son muy buenas para las matemáticas, mientras otras lo son para la poesía o la música. La clave está en descubrir cuál es tu punto fuerte y desarrollarlo. Con total seguridad puedo decirte que al enfocarte en tu inteligencia primordial, entendiendo que todos tenemos algo de todas las inteligencias, tu vida dará un giro de 180°.

Ocho tipos de inteligencias

De acuerdo con Howard Gardner, las inteligencias predominantes son ocho. Cada una de ellas se caracteriza por habilidades y capacidades específicas:

- **Inteligencia lingüística:** Es la capacidad de usar el lenguaje en todas sus expresiones y manifestaciones.

- **Inteligencia musical:** Es la capacidad de percibir y expresarse con formas musicales.

- **Inteligencia lógico-matemática:** Es la capacidad de resolver cálculos matemáticos y poner en práctica un razonamiento lógico.

- **Inteligencia corporal cinestésica:** Es la capacidad de expresar ideas y sentimientos con el cuerpo.

- **Inteligencia espacial:** Es la capacidad de percibir el entorno visual y espacial para transformarlo.

- **Inteligencia intrapersonal:** Es la capacidad de desarrollar un conocimiento profundo de uno mismo.

- **Inteligencia interpersonal:** Es la capacidad de relacionarse con los demás, tomando como base la empatía y la interacción social.

- **Inteligencia naturalista:** Es la capacidad de observar y estudiar los elementos que componen la naturaleza (objetos, animales y plantas).

Recuerdo que cuando descubrí mi tipo de inteligencia sentí muchas emociones, pues no fue difícil para mí identificarlo, solo que no sabía que podía considerar aquello como talentos especiales. También sentí tristeza, ya que por muchos años intenté trabajar áreas que no eran mi fuerte para evitar sentirme bruto o en desventaja.

Hoy sé que temas como estos deben ser compartidos en las escuelas, de ese modo tendríamos menos gente frustrada y más gente con propósitos claros, utilizando sus fortalezas y talentos para el bienestar común.

Te invito a que descubras cuál es tu tipo de inteligencia. Este ejercicio te permitirá descubrir tus fortalezas y fomentarlas. Estoy seguro de que tu vida dará un vuelco a nivel personal y profesional, y podrás elegir con claridad el sendero que te llevará hacia una vida más plena y feliz.

Principios de capítulo

- La calidad de los pensamientos de una persona está directamente asociada a la calidad de sus resultados.

- Si conquistas tu mente podrás conquistarlo todo. Debes saber que este es un trabajo de todos los días.

- Las creencias negativas producen un resultado evidente en el comportamiento diario.

- Si no generas un nuevo sistema de creencias serás víctima de ideas destructivas, las cuales te harán depender de los pensamientos y de las opiniones de los demás.

- No caigas en la mentira de creer que luego de cierta edad no hay nada que puedas hacer. Siempre puedes cambiar tu forma de pensar y de verte a ti mismo.

- Debes conocer con exactitud cuáles pensamientos atentan contra tu estabilidad emocional.

- Cada ser humano es diferente y cada uno aporta a su entorno desde una inteligencia única y singular.

Capítulo

3

LÍDERES CON PROPÓSITO

Quien no vive para servir, no sirve para vivir

Madre Teresa de Calcuta

No necesitas un título para ser líder, ¡necesitas un propósito! Los años me han enseñado que el liderazgo real no empieza después de la obtención de un cargo prominente, o tras recibir cierto título que te faculte como líder. Lamentablemente, muchos enseñan lo contrario; y la realidad es que el liderazgo inicia con el autodescubrimiento, con nuestro desarrollo personal y con el hallazgo de nuestros propósitos.

Todo se edifica o se cae con el liderazgo, tal como lo indicó el gran John Maxwell, quien es conocido mundialmente como la persona más influyente en temas de liderazgo. Ciertamente nada bueno sucede hasta que alguien asume un liderazgo bueno.

En esencia, el liderazgo es abrir puertas para los demás. Es identificar, crear y asignar oportunidades que ayuden a las personas y a las organizaciones a crecer y a desarrollarse. Es una forma de vida que inspira a otros a descubrir lo que son capaces de hacer.

Al respecto, el pastor Rick Warren, en su libro *Liderazgo con propósito*, comparte lo siguiente: «Mientras no apareció un hombre llamado Martin Luther King y dijo: "Tengo un sueño", el movimiento de Derechos Civiles de Estados Unidos no era nada. Asimismo, el programa espacial de la NASA casi no existía hasta que el presidente John F. Kennedy dijo: "Vamos a poner a un hombre en la luna antes de que termine esta década"». La historia prueba que cuando un líder tiene un propósito claro todo cambia. Es innegable que cada vez más aparecen libros, se dictan más seminarios y se crean mejores programas educativos para hablar acerca de liderazgo. Con todo, las claves para desarrollar un buen liderazgo, basadas en el cumplimiento de un propósito, no son nuevas. Sin embargo, la falta de liderazgo sano continúa evidenciándose en nuestra sociedad.

En tal sentido, es importante reconocer que el liderazgo no es solo un concepto por aprender, es mucho más que saber qué es lo que significa esta palabra. El liderazgo es vivir para influenciar e inspirar a otras personas para que entreguen todo su potencial, talentos, capacidades, visión y energía en la creación de algo más grande que ellas, ya sea en su entorno personal o profesional. Es enseñarles a otros a poner todo al servicio del bienestar común.

En tanto, la conceptualización humana sugiere que el líder debe ser una persona con posición de gobierno, poder y dinero. Por mi parte, considero que todos podemos ser líderes en áreas específicas, debido a que todos tenemos propósitos por desarrollar. El liderazgo no inicia con un curso o después de que otras personas nos siguen; nace con una visión. Es preciso comprender que el liderazgo es muy importante porque transforma vidas, sociedades y países. Este es tan poderoso que sin él nada cambia, nada crece, nada prospera, nada mejora ni avanza. Es por ello que el verdadero liderazgo siempre tendrá un propósito y una visión clara.

¿Te gustaría trabajar en algo que produzca un impacto positivo en la sociedad y que, a la vez, logre entusiasmarte cada día por el resto de tu vida? Hallar tu propósito para crecer en el liderazgo es hallar también el porqué de la vida. Tu liderazgo nunca será igual una vez que sepas para qué fuiste diseñado y te dediques a cumplir con tu propósito cada día.

Cuando laboraba en la industria bancaria como gerente del Área de Prevención de Fraudes, mi impulso diario para ir a trabajar estaba más asociado a la oportunidad de aportar a la vida de las personas bajo mi liderazgo, que a ejercer el cargo como tal. Una de las cosas que siempre les decía era que mi trabajo principal era contribuir al desarrollo de sus vidas, conocer más de ellos, inspirarlos e influenciarlos de una forma que les permitiera descubrir todo lo que eran capaces de hacer.

Todos los días, mi equipo de trabajo y yo, teníamos una reunión llamada «Los cinco minutos de inspiración». En ese tiempo compartíamos alguna historia o anécdota que nos permitiera obtener una moraleja o un nuevo aprendizaje, en tanto nuestros lazos de amistad se fortalecían. Eso para mí era vivir en propósito.

¿Por qué hacía todo eso si no estaba dentro de mis responsabilidades laborales? Para dejar un legado en las personas y brindarles la oportunidad de acceder a un nuevo mundo lleno de posibilidades diferentes para ellas.

Es preciso señalar también que, antes de liderar a mi equipo de trabajo de esa forma, cuando ejercí mis primeras posiciones de liderazgo, cometí muchos errores. El primero de ellos fue sentirme superior al resto, especialmente superior a las personas que coordinaba. El segundo fue pensar que mi nueva posición me facultaba como líder, y la realidad era que solo podía ejercer poder y autoridad sobre ellos.

Además, dejé de colaborar con el equipo, ya no me sentía parte de ellos, por lo que solo los miraba trabajar, mientras yo me dedicaba a actividades que honestamente no eran de gran importancia y que solo complacían mis intereses personales. Como consecuencia de esa mala actitud, mi jefe me llamó para reprenderme y recordarme mis obligaciones. Al principio me disgusté mucho; sin embargo, cuando él expresó lo que esperaba de mí como líder de área, me di cuenta de que lo estaba haciendo mal, de que la clave del liderazgo está en ser influyentes y no autoritarios.

Ciertamente deseaba convertirme en un gran líder de área, pero antes debía cambiar mi mentalidad quejumbrosa y abandonar la posición de víctima cuando estaba en desacuerdo con alguien o algo. Mi queja frecuente era que los demás no querían trabajar y no daban todo de sí; lo irónico es que yo tampoco hacía nada de eso. No era ejemplo de nada de lo que exigía tan ardientemente. Por fortuna, luego de varios tropiezos y lecciones, lo aprendí, aprendí qué significa ser un líder con propósito.

Para ser un líder de impacto lo primero que debemos hacer es quitarnos el saco, levantarnos de nuestro cómodo asiento y salir de la oficina con aire acondicionado. En otras palabras, debemos bajarnos del trono para tropezarnos con la gente y escuchar sus necesidades.

Si de verdad quieres convertirte en un buen líder, deja a un lado los fríos reglamentos y tediosos procedimientos. Enfócate, más bien, en desarrollar buenas relaciones con tu equipo, ya que ellos son los que garantizarán tu éxito como dirigente. Recuerda, el liderazgo es un proceso, y en él se debe fomentar la inspiración, crecimiento y transformación de nuestros iguales.

¡Fortalece tu liderazgo!

¿Quieres mejorar tu gestión como líder? ¡Haz más preguntas, da menos órdenes! Uno de los errores más comunes en el liderazgo es que los líderes no conversan con el personal sobre las actividades que realizarán juntos. Generalmente, estos llegan con una gestión lista, cuando lo ideal es realizar preguntas como estas: «¿Qué piensas acerca del proyecto?; ¿Cómo crees que esto podría hacerse de una mejor forma?». Involucrar al equipo de esa manera pudiera mejorar significativamente las planificaciones.

Las personas se sienten valoradas y apreciadas cuando sus líderes se comportan de esa manera. Estas prácticas te permitirán generar un mejor ambiente laboral y desarrollar la creatividad y el pensamiento crítico en tu equipo. Toma en cuenta que parte de tu rol como líder es fomentar el desarrollo de cada uno de ellos, y formular ese tipo de preguntas es una gran herramienta para este fin. Por lo tanto, te compartiré cinco preguntas que pueden ayudarte a mejorar tu liderazgo:

1. ¿Cómo puedo ayudarte a mejorar tu labor diaria?

2. ¿Cómo puedo ayudarte a ser más eficiente en tu gestión?

3. ¿Qué piensas acerca del desafío que tenemos?

4. ¿Cómo puedo ser de utilidad en tu vida personal?

5. ¿En qué parte del proceso te sientes estancado y cómo puedo ayudarte?

Los niveles neurológicos del liderazgo

Los niveles neurológicos son una manera de representar la forma en que interactuamos con el mundo y qué elementos entran en juego. Constituyen la representación de las capas en las que se producen nuestros distintos niveles de experiencia. Esta estructura sirve para comprender qué ocurre en nosotros y ayudarnos a entender nuestras aspiraciones, motivaciones, deseos y propósito.

La pirámide de niveles neurológicos, diseñada por el fundador de la NLP University of California, Robert Dilts, y fundamentada en los estudios previos del antropólogo Gregory Bateson, es una herramienta muy potente que el *coaching* ha tomado para la programación neurolingüística (PNL). A mediados de la década de los 80, Dilts conceptualizó una jerarquía de niveles para comprender en profundidad cómo se producen los cambios y los aprendizajes en el ser humano. El resultado fue la denominada «pirámide de niveles neurológicos», también conocida como «pirámide de Dilts». Gracias a la colaboración que estableció *a posteriori* con John Grinder y Richard Bandler, padres de la PNL, Dilts pudo popularizar esta labor y hacer de la pirámide de niveles una de las estructuras más interesantes que emplean en la actualidad los *practitioners* de PNL para favorecer procesos de cambio en sí mismos y en sus clientes.

En el desarrollo personal y profesional la aplicación de esta pirámide ha sido de gran beneficio para que los líderes entiendan y descubran la razón principal por la cual desean ejercer o ejercen el liderazgo. Es evidente y muy importante que el liderazgo deba estar fundamentado en el propósito personal de cada líder. Esto supone que los estilos de liderazgo varíen según los contextos; sin embargo, la congruencia de quien lidera nunca debe fluctuar.

La PNL afirma que el éxito personal y profesional reside en lograr la congruencia entre lo que se es, se cree y se hace. Para ello es necesario trabajar en los distintos niveles que componen nuestra personalidad e influyen en nuestras vivencias. Estos niveles son:

• **Nivel del entorno:** Este es el contexto en el cual las personas operan, por lo que determina las oportunidades o limitaciones externas a las que ellas deben reaccionar. Comprende el *dónde* y *cuándo* de una destreza o habilidad específica. En este nivel la pregunta primordial para el liderazgo es: «¿Dónde y cuándo puedes ser mejor líder?».

• **Nivel del comportamiento:** Se refiere a las acciones específicas de una persona dentro de su entorno, concretamente a lo que hace. En este nivel la pregunta de rigor es: «¿Qué harás en tu entorno para demostrar que eres un buen líder?»

• **Nivel de las capacidades:** Este nivel está relacionado con las estrategias y con los mapas mentales que las personas desarrollan para guiar sus comportamientos. Las capacidades le permiten al individuo dirigir sus acciones. La pregunta primordial para el liderazgo aquí es: «¿Qué capacidades debes desarrollar para ser un mejor líder?».

- **Nivel de las creencias y valores:** Este nivel busca definir las motivaciones de las acciones. Por lo tanto, las preguntas a responder aquí son: «¿Por qué razón haces lo que haces?; ¿Por qué lo realizas de ese modo?; ¿Qué creencias te ayudarán a ser mejor líder?». Los valores y las creencias proporcionan la motivación y el permiso para liberar las capacidades.

- **Nivel de identidad:** Este nivel sustenta el sentido de identidad del individuo. La pregunta primordial para el liderazgo en este nivel es: «¿Quién eres cuando eres mejor líder?».

- **Nivel de la trascendencia:** Está relacionado con la visión que tiene el líder en cuanto al futuro. Aquí se responde la pregunta: «¿Para qué quieres ser líder o qué legado quieres dejar a las futuras generaciones?».

En este sentido, para ejercer un liderazgo con propósito se debe tomar en cuenta los siete principios expuestos a continuación:

1. El propósito apasiona.

2. El propósito brinda disciplina.

3. El propósito expande el potencial.

4. El propósito eleva el nivel de conciencia.

5. El propósito ayuda a mantener un constante crecimiento.

6. El propósito nos hace coherentes.

7. El propósito nos permite vivir de manera intencional.

Las dos caras opuestas

A finales del siglo XIX, el astrónomo y físico estadounidense Samuel Pierpont Langley, estaba a punto de crear un invento revolucionario: el aeroplano con motor, que más tarde daría lugar al avión tal y como lo conocemos hoy. Langley tenía todo lo necesario para triunfar, pues era un profesor de matemáticas con gran reconocimiento y prestigio social. A lo largo de su carrera profesional, había recibido numerosos premios y condecoraciones. Su agenda rebosaba de buenos contactos; entre sus amigos figuraban importantes políticos y poderosos hombres de negocios. De hecho, el gobierno norteamericano financió enteramente su proyecto.

Así fue como Langley pudo contratar a las mentes más privilegiadas de la época. En su equipo se encontraban los mejores pilotos e ingenieros mecánicos del momento. Además, contaba con los materiales perfectos para fabricar el avión en condiciones. Incluso, *The New York Times* seguía todos los pasos de este; por lo que empezó a ser conocido como "el hombre que iba a hacer volar a la humanidad".

Por aquel tiempo, los hermanos Orville y Wilbur Wright también estaban construyendo un aeroplano con motor en Estados Unidos. Se dice que, a diferencia de Langley, no parecía que tuvieran ninguna oportunidad para lograr el éxito. Eran fabricantes de bicicletas. No tenían ningún tipo de subvenciones ni tampoco contactos o expertos que pudieran ayudarlos. Ellos financiaron su sueño con los recursos obtenidos en su tienda de bicicletas.

Una de las cosas más sorprendentes es que ninguno de los miembros de su equipo había pasado por la universidad. Con todo, los hermanos Wright tenían un sueño y un propósito. Sabían por qué era importante construir aquel avión y para qué serviría. Estaban verdaderamente entusiasmados por averiguar el problema físico que los separaba de encontrar la solución. Imaginaban los beneficios que su invento aportaría al resto del mundo. Su proyecto aeronáutico tenía un sentido que iba más allá de sí mismos.

A Langley, en cambio, lo movía la ambición personal. Quería adquirir el nivel de prestigio de otros grandes inventores de su época, como Alexander Graham Bell o Thomas Alva Edison. Langley perseguía un objetivo, pero no tenía un porqué ni un para qué bien definidos.

No pensaba tanto en el impacto que el avión iba a tener en la humanidad, sino en lo que él podría obtener como recompensa. Aspiraba a ser rico y famoso; recordado para siempre como el inventor del avión. Esta era su motivación. Por ello, no disfrutaba su trabajo ni sentía pasión por él; más bien, sentía ansiedad y miedo por no ser un pionero de la invención.

Intento tras intento ni Langley ni los hermanos Wright conseguían surcar el cielo con su aeroplano. Y mientras que el equipo de Langley empezó a frustrarse e impacientarse, los hermanos Wright fueron contagiando e inspirando a toda su comunidad para que creyeran en su sueño. Y así fue como el 17 de diciembre de 1903, en un campo de Kitty Hawk, en Carolina del Norte, los hermanos Wright volaron los cielos. Durante 59 segundos recorrieron 400 metros por encima del suelo; fue el primer vuelo con motor de la historia >> (Vilaseca, Borja. *Qué harías si no tuvieras miedo*).

¿Qué pasó aquí?; ¿Por qué el ilustre profesor Langley no logró su objetivo si él poseía todos los recursos para lograrlo?; ¿Qué falló? Estas son unas buenas preguntas, y considero que esta es una historia perfecta para ilustrar la importancia de la pasión en cada una de las cosas que realizamos. Para mí las respuestas son fáciles: los hermanos Wright estaban rebosantes de ilusión, estaban realmente enamorados de su propósito. Su mayor objetivo siempre fue contribuir al bienestar de las personas, por lo que no abandonaron su sueño hasta haberlo consolidado.

Se dice que Langley, al enterarse del éxito de los hermanos Wright, abandonó la carrera; salió del negocio. Al no ser el primero, pues abandonó todo.

En definitiva, los Wright lideraron el nacimiento de la aviación porque su propósito los superaba. Cuando los líderes desarrollan propósitos que involucran el beneficio social, no solo logran cambios increíbles, sino que trascienden y se multiplican. Este tipo de personas son las que se convierten en inolvidables, y es que un mundo único y diferente como el nuestro no puede ser liderado por personas indiferentes.

Una mujer abnegada

El 26 de agosto de 1910 nació en Uskup (Imperio Otomano), la actual Skopje (Macedonia), una hermosa y noble niña. Probablemente durante su infancia ella no imaginó el impacto que tendría su vida en su generación y en las generaciones venideras. Al final, era solo una infante más en su comunidad.

Era llamada por el nombre Agnes Gonxha Bojaxhiu; creció en el seno de una familia albanesa bien constituida; pero solo pudo disfrutar de su padre por nueve años debido a que este murió de manera misteriosa en 1919, mientras se dedicaba a asuntos políticos en Albania.

Desde entonces, su madre fue la encargada de la educación de Agnes y la de sus hermanos. Con el paso de los años Agnes mostró gran afinidad por los asuntos espirituales, por lo que a los 12 años tuvo claro que quería dedicar su vida al catolicismo. Con cinco años ya había hecho la Primera Comunión, y con seis, la Confirmación. Todavía siendo una niña

mostró una total admiración por los jesuitas yugos-
lavos en Bengala (India).

Con tan solo 18 años decidió emprender un viaje
a La Abadía de Loreto, perteneciente al Instituto de
la Bienaventurada Virgen María, en Irlanda. Años
después deseó cumplir su misión en la India, pero
el arzobispo de Calcuta en ese momento, Fernando
Periers, se negaba a dejarla salir de su orden, adu-
ciendo que era demasiado joven para esa labor y
que era una «novata incapaz de iluminar correcta-
mente una vela».

Con todo, en 1928 zarpó hacia Bengala para cumplir su deseo de ser misionera en la India. El 6 de
enero de 1929 llegó a Calcuta, donde permaneció el
resto de su vida. En la ciudad bengalí hizo sus votos
de pobreza, castidad y obediencia. Allí enseñó durante varios años en una escuela para niñas de clase
alta, antes de descubrir su gran propósito de vida.
Se convirtió en monja el 24 de mayo de 1931.

A principios de 1948 decidió irse a vivir a los ba-
rrios pobres de Calcuta, allí sus exalumnas se

convirtieron, junto con ella, en las primeras Misioneras de la Caridad. En 1952, al tener que asistir a una mujer moribunda abandonada en la calle con los pies roídos por las ratas, comprendió claramente cuál era su tarea en el mundo: ayudar a los más pobres entre los pobres.

Ella era una espontánea dama que siempre estaba envuelta en su sari de algodón blanco de borde azul; de estatura promedio, pero con una determinación enorme. Con el paso de los años su amor por ayudar a los menos privilegiados fue tan inmenso, que acosó a las autoridades de la ciudad hasta que obtuvo un viejo edificio para dar cabida a los enfermos de tuberculosis, disentería y tétanos; es decir, a aquellos que ni en los hospitales querían atender.

Durante la segunda mitad del siglo XX, la hoy mundialmente conocida como Madre Teresa de Calcuta fue el símbolo más importante de la defensa de los pobres y vulnerados. En su lucha logró socorrer a decenas de miles de necesitados. En Calcuta abrió un orfanato llamado Shishu Bhavan, y un centro para leprosos donde actualmente se tejen los saris blancos con borde azul que usan las 4 500 Misioneras de la Caridad repartidas en más de 100 países.

Fue la líder y fundadora de las Misioneras de la Caridad y recibió el Premio Nobel de la Paz en 1979. No son pocos los reconocimientos y honores que tuvo Teresa de Calcuta, tanto en vida como a título póstumo. La capacidad de verse más allá de ella misma la hizo vivir con propósito. Su pasión por ayudar a los enfermos y más necesitados de Calcuta hizo de ella una líder eterna.

Bien pudiera extenderme mucho más para seguir exponiendo las historias de aquellos líderes que vivieron enfocados y guiados por un propósito; sin embargo, mi deseo es que puedas verte reflejado en cada historia desde tu propio propósito.

Estas eran personas que, según las convenciones sociales, no tenían mucho o nada que aportar en comparación con otras personalidades. No eran grandes eruditas ni las más capaces. Lo que sí tenían era un propósito muy bien definido que las movía, por lo que lograron extender legados imborrables.

El propósito trae plenitud

Nada en la vida es tan gratificante como cumplir con el propósito, ¡nada! Las riquezas, la fama, los logros, el reconocimiento..., todo se queda corto ante la plenitud que se genera tras vivir en propósito. ¿Por qué crees que tantas celebridades o atletas famosos adoptan causas para defender? Porque están buscando la realización que proviene únicamente de cumplir con un propósito con beneficios sociales. He conocido a muchas personas que viven sin propósito y, con el paso de los años, sus necesidades y deseos más profundos se hacen evidentes. A pesar de esto, muchas de ellas están sumidas en un círculo vicioso interminable, pues se niegan a romper las cadenas del conformismo.

Si me preguntas qué es el éxito para mí, mi respuesta será simple y sencilla: «Tener éxito es vivir con propósito. Es ser esa persona que viniste a ser». Se dice que solo entre el 3 % y el 5 % de los seres humanos logra descubrir su llamado. Esto es algo muy triste, ya que indica que aproximadamente 95 % de la población mundial no vive, sino que sobrevive.

¿Qué puedes hacer hoy para empezar a vivir y a liderar con propósito? ¿Qué puedes hacer con lo que hoy tienes para crear un mejor mundo para futuras generaciones? Piensa muy bien esta respuesta y después respóndetela. A mí también me gustaría saberla para ayudarte y guiarte si lo necesitas; así que envíame la respuesta a contacto@lideraconproposito.online.

Principios de capítulo

- No necesitas un título para ser líder, ¡necesitas un propósito!

- El liderazgo es abrir puertas para los demás. Es identificar, crear y asignar oportunidades que ayuden a las personas y a las organizaciones a crecer y a desarrollarse.

- Todos podemos ser líderes en áreas específicas, debido a que todos tenemos propósitos por desarrollar.

- El liderazgo es un proceso, y en él se debe fomentar la inspiración, crecimiento y transformación de nuestros iguales.

- Cuando los líderes desarrollan propósitos que involucran el beneficio social, no solo logran cambios increíbles, sino que trascienden y se multiplican.

- Nada en la vida es tan gratificante como cumplir con el propósito, ¡nada! Las riquezas, la fama, los logros, el reconocimiento... todo se queda corto ante la plenitud que se genera tras vivir en propósito.

- Tener éxito es vivir con propósito. Es ser esa persona que viniste a ser.

4

Capítulo

EL IMPULSO DEL PROPÓSITO

---

*Quien tiene un "porqué" para vivir,
encontrará casi siempre el "cómo"*

Viktor Frankl

En los Juegos Olímpicos de Estocolmo del año 1912, el atleta de ascendencia indígena Jim Thorpe era considerado uno de los más versátiles y rápidos. Era una verdadera amenaza para sus contrincantes, por lo que la noche antes de su competencia sus zapatillas de correr fueron hurtadas. ¡La noche antes! ¿Lo imaginas? Sin embargo, Jim, enfocado en su propósito, fue a un basurero a rebuscar entre los desperdicios a ver si conseguía unas zapatillas, ¡y bingo, las consiguió!, pero de diferentes tallas. Por lo tanto, para compensar esa diferencia, se colocó una media extra en el pie y salió a darlo todo. En esas Olimpiadas Jim logró ganar dos medallas de oro, usando en sus carreras zapatillas sacadas de un basurero.

Considero que hay mucha carga semántica en esta historia; tratemos de digerirla. Lo primero que deseo preguntarte es: ¿Cuántas veces has permitido que las circunstancias inesperadas te alejen de lo que deseas alcanzar?; ¿Cuántas veces has puesto tus sueños a merced de las eventualidades negativas? Obviamente las circunstancias inesperadas y malas, tales como un despido injustificado o un emprendimiento en quiebra, suelen dejarnos paralizados. Con todo, ellas también funcionan de catalizador; así es como vemos que historias desgarradoras se convierten en extraordinarias. Solo basta con decir: «¡¡Esto no me va a detener!!».

Cuando decidí cuál sería el título de mi primer libro pensé en un concepto de trascendencia, en una frase sencilla pero poderosa que me confrontara y tuviera que aplicarla en cada momento de duda, de falta de motivación o de postergación. Y así apareció: *Donde existe un deseo, existe un camino*. Esas palabras no necesitan explicación. ¡El mensaje es claro!

Hoy, al observar mi vida, me pregunto: «¿Qué más puedo hacer para continuar sembrando esperanzas y despertando las posibilidades dormidas en la vida de las personas a nivel personal y profesional?».

Estoy convencido de que sí es posible alcanzar y lograr todo aquello que deseamos. No obstante, debemos pagar un precio.

¿Quieres más? ¡Tienes que estar dispuesto a dar más! Los sueños se trabajan hasta que se logran. Para llegar a la meta debes accionar, pagar el precio de estudiar más, de levantarte más temprano o de pasar las 24 horas trabajando. Deberás conectarte con tu visión y ver más allá de las circunstancias que amenacen con destruir o impedir tu avance. ¿Estás dispuesto?

Hay quienes dicen que debemos establecer un balance en todas las áreas de nuestras vidas. Es decir, evitar obsesionarnos con lograr un resultado. Y en parte estoy de acuerdo con ese planteamiento; sin embargo, debo admitir que para mí es muy difícil encontrar un balance cuando mi corazón está apasionado por lograr algún objetivo. Por eso he llegado a pensar que no existe un balance real cuando anhelamos la grandeza, pues los sacrificios lo opacan.

Piensa por un momento en los mayores logros de tu vida. Si eres un estudiante recuerda qué hiciste para lograr esa calificación máxima; si eres un emprendedor recuerda qué métodos empleaste para concretar esa venta exitosa. ¿Recuerdas cuánto te costó? Ahora dime si aquellos logros se desarrollaron en un ambiente de balance o de sacrificio. A eso me refiero, a veces el sacrificio prevalece sobre el balance. A veces debemos, al igual que los diamantes, exponernos a las altas temperaturas para alcanzar nuestro máximo potencial.

Al respecto, el velocista olímpico y ganador de ocho medallas de oro, Usain Bold, expresó: «Yo entrenaba cuatro años para correr solo nueve segundos. Hay personas que al no ver resultados en dos meses se rinden y lo dejan. A veces el fracaso se lo busca uno mismo». Cada nuevo amanecer debemos escoger ser más optimistas, la tristeza y el miedo solo son emociones, pero el optimismo es una decisión. Debemos ir más allá de nuestras aparentes limitaciones, para poder entender que la mayoría de ellas no existen.

El Liverpool de Inglaterra

Aunque mi deporte favorito es el baloncesto, también soy fanático del fútbol. Mis equipos favoritos son la Selección de Italia a nivel de países, y a nivel de clubes mi favorito es el A. C. Milan de Italia.

En el año 2005, en la final de la Champions League, el juego del campeonato fue disputado por el Liverpool de Inglaterra y el A. C. Milan de Italia. Como fanático del Milan, sentía que la copa ya estaba ganada cuando a mitad del partido el juego mostraba un marcador de 3 – 0 a favor del equipo italiano. Sin embargo, el equipo inglés no estaba listo para rendirse; ellos no se dijeron: «Bueno, ¡hasta aquí llegamos! La verdad es que nadie supera un marcador así en mitad del partido». En su lugar pensaron en las posibilidades que tenían de ganar, pese a las circunstancias adversas. Y sí, cuando todo parecía imposible, ellos ganaron el partido.

Recuerdo que mientras observaba cómo se desarrollaba la segunda mitad de aquel juego, me preguntaba cómo era posible que ocurriera algo así. Definitivamente ellos tuvieron una visión que los impulsó a dejar su corazón en la cancha y a ganar ese campeonato. Ellos tuvieron una razón que los superaba, y esta les dio la fuerza necesaria para no rendirse, a pesar de que las posibilidades de ganar eran muy pocas.

¿Has pensado en cuál es la razón fundamental que te impulsa a darlo todo cuando atraviesas momentos o situaciones difíciles? Si no lo has hecho, hazlo. Debes tener argumentos que sean tus catalizadores cuando las cosas no vayan bien.

¡El piano se toca con los pies!

Liu Wei es un joven chino de 26 años que cuando tenía 10 perdió los dos brazos en un accidente eléctrico mientras jugaba con sus amigos. Cuando tenía 19 años empezó a estudiar piano por su cuenta, usando las extremidades inferiores. En 2010 se presentó al programa de talentos *China's Got Talent*, en el que interpretó el clásico *Mariage d'amour*, de Richard Clayderman. Ese día logró conmover a todo el público y su magnífica actuación lo hizo conocido alrededor del mundo.

Con los pies, Liu Wei navega por Internet, come, se viste y se cepilla los dientes. «Me gustaría salir a conducir para divertirme. Aparte de eso, no hay en verdad otra cosa que quiera hacer», ha dicho Liu a periodistas. «La música se ha vuelto un hábito para mí. Es como respirar», concluyó. La música se convirtió en su propósito de vida.

«Pienso que en mi vida solo tengo dos caminos: uno me llevaría a morir rápidamente y el otro a llevar una vida maravillosa. Nadie dice que el piano tiene que ser tocado con las manos».

Liu Wei

Un extraño regalo de la vida

¿Es posible que las situaciones negativas que nos suceden sean, al mismo tiempo, un regalo de la vida? Sí, es posible, ya que detrás de cada problema existe un regalo, este es el regalo del aprendizaje.

Siéntate a analizar las temporadas de tu vida y verás que lo que digo es cierto. Notarás que las lecciones más importantes que has aprendido han llegado cuando las dificultades te han visitado. Sin embargo, no siempre es así; es decir, no necesariamente deberás pasar por un gran dolor para poder aprender, ya que también podemos hacerlo a través de las experiencias ajenas, y con base en ellas tomar mejores decisiones. La vida no se trata de esperar a que acabe la tormenta, sino de aprender a bailar bajo la lluvia.

«Cada derrota, cada angustia, cada pérdida, contiene su propia semilla, su propia lección sobre cómo hacerlo mejor la próxima vez».

Og Mandino

Elévate por encima del dolor

¿Qué piensas cuando piensas en problemas, dificultades y crisis?; ¿Esto te genera sentimientos de miedo y ansiedad?; ¿Te dan ganas de correr en otra dirección? Si es así, no estás solo; esas son las primeras reacciones en la mayoría de la gente. Ahora bien, aunque esos impulsos naturales son una forma de protección ante el peligro, también hay formas más inteligentes de enfrentar las crisis. La primera es mirar las dificultades desde otra perspectiva. ¿Y si en lugar de temer y tratar de evitarlas aprendes a ver en ellas oportunidades? Sé que es difícil hacer lo que digo; sin embargo, si realmente deseas ser una persona fuerte y resiliente deberás aprender a ver oportunidades en escenarios desoladores.

Quizás te hayas preguntado: «¿Por qué siempre tengo que aprender de la manera difícil?». Es porque de esa manera se producen los mayores y más duraderos cambios en tu carácter. Al respecto, Emma Seppala, psicóloga de la Universidad de Stanford, afirma que abrazar las dificultades, en lugar de limitarse a aceptarlas, es en realidad el secreto para vivir una vida feliz. «Podemos elegir entre dejar que las experiencias negativas que encontramos nos depriman o podemos elegir abrazarlas y así elevarnos por encima de ellas», aseguró. Es nuestra aceptación de la vida y nuestra percepción de las dificultades, así como nuestra respuesta a ellas, lo que realmente importa.

Las dificultades son parte del flujo de la vida. Si estudiamos las vidas de algunos estoicos aprenderemos que sus historias están compuestas por grandes escenas de resistencia frente a tremendos conflictos. Ellos entendieron que es inútil esforzarse por evitar los problemas en la vida; más bien, buscaron en su interior fuerzas para soportar las tormentas. Los estoicos se centraron en vivir una vida virtuosa y al flujo de la naturaleza. Concluyeron que la virtud del carácter, cualidad que siempre llevamos y que nunca nos puede ser arrebatada, es lo que importa; mientras que cosas como el dinero y la fama, que están fuera de nuestro control y son fugaces, deben ser vistas con desapego.

Ellos decían: «No podemos controlar lo que pasa a nuestro alrededor, pero sí podemos controlar lo que pensamos sobre esos eventos». Meditemos una y otra vez en esto.

El filántropo de los negros

En el capítulo anterior hablé acerca de líderes con propósito y Nelson Mandela no estaba incluido. No obstante, ahora sí deseo que conozcas o recuerdes parte de la historia de este caballero, y cómo la fuerza de su propósito le permitió superar las más difíciles situaciones. Fueron 27 años en prisión por causa de su propósito.

A pesar de haber recurrido a la violencia para tratar de derrocar al sistema de opresión que líderes y personas blancas tenían sobre los negros, y haber sufrido como consecuencia una larga condena de cárcel, Mandela salió de prisión con un mensaje de reconciliación y unidad como única vía para reconstruir Sudáfrica. «He luchado contra la dominación blanca y he combatido la dominación negra. He promovido el ideal de una sociedad democrática y libre en la cual todas las personas puedan vivir en armonía y con igualdad de oportunidades. Es un ideal por el que espero vivir, pero si es necesario, es un ideal por el que estoy dispuesto a morir», dijo el

20 de abril de 1964, cuando era juzgado y enfrentaba una posible pena de muerte.

Sus palabras reflejaron que su espíritu e ideales no se quebraron durante esos 27 años en prisión. El *apartheid* fue el mismo sistema que lo encarceló y lo hizo picar piedras encadenado cada mañana. Sus pulmones y su vista sufrieron daños irreversibles. El *apartheid* era básicamente la separación total entre blancos y negros, en el que se negaba incluso la existencia de esta última raza. Se prohibió a los negros, además, votar y compartir habitaciones o espacios con los blancos. En este sistema político también asesinaron brutalmente a líderes de la lucha por la libertad como Steve Biko.

Cuando el gobierno blanco, afectado por la presión internacional, ofreció liberarlo, pero con la condición de que abandonara su militancia, Mandela, quien ya llevaba dos décadas en la cárcel, respondió: «Mi libertad no puede separarse de la de todos los demás». Al final eligió el perdón por encima del odio y construyó puentes de paz y reconciliación. Mandela estuvo dispuesto a morir por cumplir con su llamado.

Por lo general, existe un gran problema en los líderes modernos y en el liderazgo que las élites promueven, y es el enfoque en el «yo». Los objetivos de ellos son más o menos estos: 1) Logra tu meta, 2) Haz lo que te haga sentir bien a ti, 3) Analiza qué se puede obtener a través de tu posición de gobierno, 4) La fama y el dinero son sinónimos de buen liderazgo, 5) El objetivo del liderazgo es que te reconozcan como un líder... ¡Esto no debe ser así! Si deseamos superar nuestros obstáculos debemos preguntarnos qué podemos hacer más allá de nosotros y cómo podemos utilizar nuestros recursos para ayudar a nuestros semejantes.

Los momentos de adversidades, de incertidumbres y también de alegrías, me han enseñado que solo basta con trabajar de manera íntegra, con establecer ideales que sobrepasen nuestro egoísmo, para poder marcar la diferencia en el mundo. Tú puedes formar parte de la construcción de una mejor sociedad. Los que hacen esto son para mí líderes verdaderos.

«Los grandes propósitos requieren de grandes sacrificios».

Daniel Castell

No permitas que las dificultades te alejen de tu propósito; más bien, utilízalas como catalizador. Ante las adversidades ¡reinvéntate!; ¡rendirse no es una opción! Si deseas un roble, pero en tus manos tienes una bellota, ¡no la desprecies! Ese pequeño fruto que parece insignificante tiene dentro de sí numerosas especies arbóreas, entre ellas el roble.

Los liderazgos sólidos, por lo general, empiezan en soledad, sin los reflectores, sin aplausos... No pretendas llegar a la cima sin antes haber conquistado tu propio mundo y haber dejado hasta el último aliento en un propósito mayor que tú.

La genialidad no tiene raza ni color

Cuando utilizamos nuestros talentos y conectamos con nuestro propósito individual, siempre aportaremos al cumplimiento de un propósito mayor, aunque nuestra presencia a veces pase inadvertida. Tal fue el caso de Katherine Johnson, Mary Jackson y Dorothy Vaughan, quienes pertenecieron al Comité Asesor Nacional para la Aeronáutica (NACA), institución conocida posteriormente como la NASA. Ellas fueron un grupo de mujeres afroestadounidenses que se dedicaron a hacer los cálculos matemáticos necesarios para llevar al hombre estadounidense al espacio.

Eran conocidas como «las calculadoras humanas» y «las computadoras del ala oeste», y desarrollaron su gran labor en los años de segregación legalizada y discriminación racial en EE. UU. Aunque ellas no recibieron el reconocimiento que merecían, sus aportes fueron fundamentales para el desarrollo de proyectos aeronáuticos y de aviación.

Al respecto, Margot Lee Shetterly, escritora del libro *Figuras ocultas*, que da a conocer y exalta el trabajo de estas mujeres, afirmó: «Después de ser relegadas a enseñar matemáticas en colegios públicos solo para negros, en ese laboratorio encontraron trabajos adecuados a su genio, aunque al principio también se vieron segregadas del resto de mujeres, ya que las leyes de Virginia así lo establecían. Pero incluso así, este equipo ayudó de forma sobresaliente a que los EE. UU. ganara a la URSS la carrera espacial durante la Guerra Fría».

Sin la brillantez mental de Katherine Johnson, quizá John Glenn nunca habría sido un pionero de las misiones espaciales, ni Neil Armstrong hubiera sido el primer humano que pisó la superficie lunar. Sus cálculos precisos garantizaron que los astronautas viajaran al espacio y volvieran a la Tierra sanos y salvos.

Por su parte, Mary Jackson se convirtió en la primera ingeniera negra de la NASA, y después de 34 años de trabajo, alcanzó el puesto más alto posible para los ingenieros. Asimismo, Dorothy Vaughan logró ser la primera supervisora afroestadounidense de la NASA.

A pesar de haber sufrido de discriminación por el color de sus pieles, estas tres mujeres estuvieron dispuestas a luchar contra toda circunstancia para hacer de sus sueños una realidad, y esto solo es posible por el impulso del propósito. Ellas rompieron todos los esquemas, trascendieron y abrieron un camino para que otras mujeres de color pudieran soñar con trabajar en la NASA. La tenacidad y el compromiso las convirtieron en fuente de inspiración para muchos.

¿Y tú, estás permitiendo que las dificultades de la vida te alejen de tu propósito o las estás utilizando para impulsarte?

Principios de capítulo

- A veces debemos, al igual que los diamantes, exponernos a las altas temperaturas para alcanzar nuestro máximo potencial.

- ¿Quieres más? ¡Tienes que estar dispuesto a dar más! Los sueños se trabajan hasta que se logran.

- Debemos ir más allá de nuestras aparentes limitaciones, para poder entender que la mayoría de ellas no existen.

- ¿Has pensado en cuál es la razón fundamental que te impulsa a darlo todo cuando atraviesas momentos o situaciones difíciles? Debes tener argumentos que sean tus catalizadores cuando las cosas no vayan bien.

- Las lecciones más importantes que has aprendido han llegado cuando las dificultades te han visitado.

- No podemos controlar lo que pasa a nuestro alrededor, pero sí podemos controlar lo que pensamos sobre esos eventos.

- No permitas que las dificultades te alejen de tu propósito; más bien, utilízalas como catalizador.

Capítulo

EMPRESAS GUIADAS POR UN PROPÓSITO

Las empresas impulsadas por un propósito evolucionan más rápido

Daniel Castell

Cuando los empleados no tienen una motivación mayor que la de una remuneración económica para ir al trabajo, estos no adquieren un compromiso real con lo que hacen. Durante los últimos años el desarrollo de la humanidad nos ha mostrado la necesidad que tienen las personas de poseer un propósito o un objetivo de vida. Pasamos la mayor parte de nuestra vida trabajando. Las convenciones sociales han determinado que una vez que culmina la etapa académica debemos sumergirnos en una gran organización para poder crecer.

Habrá a quienes les funcione esa estructura de vida y a quienes no; el caso es que, sin importar lo que hagamos, necesitamos un propósito que nos impulse a seguir viviendo y soñando. Por lo tanto, es menester prestar atención a este aspecto esencial de la vida humana.

Los trabajadores motivados por un gran propósito son más felices y logran que las empresas sean más rentables y exitosas. Aunque sé que no existen fórmulas garantizadas para alinear el propósito personal de un empleado con el de la empresa, sé también que las organizaciones que no invierten en fomentar una cultura de identidad y pertenencia, pierden billones de dólares al año. ¿En qué? En la fuga y reclutamiento constante de personal.

¿La gente es feliz en el trabajo?

Según una encuesta realizada por la empresa estadounidense de análisis y asesoría, Gallup, el 87 % de la fuerza laboral en el mundo se siente miserable o infeliz en el trabajo. A pesar de que este estudio fue realizado en 2014, no creo que esta cifra esté disminuyendo. Se pudieran desarrollar muchas investigaciones sociológicas, sicológicas o antropológicas para descubrir las razones de esa insatisfacción generalizada; pero lo que sí es seguro es que todos los resultados apuntarían a la falta de propósito que algunos empleadores, sin darse cuenta, promueven.

No soy de los que piensa que la solución a este conflicto esté en renunciar a las organizaciones para dedicarse a un emprendimiento, como lo afirman algunas personas desde una posición que busca conferir un carácter negativo al hecho de ser empleado de una compañía. En los contextos en los que se debate sobre estos temas he escuchado mucho una frase usada como argumento concluyente para aquellos que difieren de esa postura: «Es que tienes mentalidad de empleado». Respeto ese punto de vista; no obstante, debo destacar que ser empleado no tiene nada de malo ni es sinónimo de conformismo.

Todo trabajo honesto dignifica y es necesario para el ecosistema económico y social; las grandes organizaciones y los nuevos emprendedores deben ser considerados igual de importantes. En el caso del emprendimiento debemos ser honestos para entender que no todos estamos aptos para hacerlo. Esto, quiere decir que no todos, por el hecho de tener una atractiva idea de negocio, debemos gerenciar un emprendimiento. Imaginemos por un instante qué pasaría si todos decimos: «Estableceré mi propia empresa. ¡No quiero trabajar para nadie!». ¿Cómo funcionaría de esa forma el mundo?

He llegado a la conclusión de que la solución a esta disyuntiva se encuentra en que cada uno descubra cuál es su propósito y lo incorpore en las actividades diarias de su lugar de trabajo. En lo que a mí respecta, he obtenido grandes beneficios al aplicar esta técnica en mi vida; es así como he logrado utilizar de mejor forma mis talentos.

Asimismo, he sostenido conversaciones profundas con personas que aman lo que hacen dentro de sus lugares de trabajo, por lo que laboran de manera apasionada durante horas. Lo más curioso de todo es que estos trabajadores no se ven a sí mismos como un número más para la empresa, sino como pilares fundamentales en el desarrollo de la sociedad.

A continuación, quiero darte algunos *tips* que te ayudarán en tu vida laboral y personal:

Recomendaciones:

· Incorpora en tu vida laboral actividades que te apasionen.

· Involúcrate en actividades que te permitan conocer más de ti.

· Haz una prueba psicométrica que te permita descubrir tus fortalezas, motivaciones y estilo preferido de comportamiento. Este tipo de pruebas son un gran aporte para determinar de qué forma puedes incorporar tu propósito dentro de una organización. Te recomiendo utilizar la prueba Everything DiSC Workplace. Esta ha sido ampliamente recomendada por figuras como John Maxwell y Tony Robbins. Si deseas obtener una, puedes escribirme al correo y con gusto te la hago llegar: contacto@lideraconproposito.online.

¿Qué es el propósito en una empresa?

Si los valores corporativos son el alma de una organización, el propósito es el corazón de ella. Este responde a las siguientes preguntas: «¿Por qué lo que hacemos importa?; ¿Qué diferencia hacemos en el mundo?; ¿Qué es lo que nos motiva a continuar ofreciendo nuestros servicios?; ¿Qué es lo que motiva a nuestros clientes a contratarnos?». Sin un propósito que vaya más allá de solo hacer dinero, los integrantes de una organización se sentirán desgastados y apáticos en su lugar de trabajo.

El propósito ayuda a los empleados a tener en mente su razón de ser, mientras crean estrategias nuevas para la organización. Además, permite una selección óptima e inteligente del talento humano, pues al tenerse delimitado el gran objetivo empresarial, el reclutamiento será más específico y fluido.

¿Por qué las empresas deben tener un propósito?

Lord Michael Hastings, responsable global de Responsabilidad Corporativa de KPMG, afirmó: «El 82 % de la población mundial no sabe para qué vive, no tiene un propósito en su vida. A menos que entendamos cuál es nuestro propósito en la vida, vamos a pensar que todo está bien mientras recibamos nuestro dinero a final de mes».

Sobre estas cifras, Teresa Ribera, directora del Instituto de Desarrollo Sostenible y Relaciones Internacionales (IDDRI), opina que «no es que las personas no sepan qué hacer con su vida, sino que les falta confianza para hacerlo. Todos tenemos capacidad para cambiar el mundo y hacer que tenga sentido». En este cambio las empresas juegan un papel importante.

Una encuesta realizada por KPMG entre estudiantes de todo el mundo concluyó que el 84 % de los estudiantes universitarios mejor preparados no elegirían una empresa cuyos valores no estén en consonancia con los suyos, mientras que el 92 % resaltó la importancia de que la primera empresa que elijan para trabajar tenga «una visión de futuro apasionante».

Las compañías deben tener claro que pueden contribuir al cambio. Este debe convertirse en un tema primordial, ya que uno de los factores determinantes para conservar a un colaborador a largo plazo y que trabaje de forma eficiente, es contar con una meta o un propósito que lo haga sentir que el trabajo conecta con sus aspiraciones y los llena también personalmente.

Es de suma importancia mencionar que el propósito no debe ser confundido con las metas o estrategias del negocio, ya que puedes llegar a una meta o desarrollar una estrategia, pero aun así no alcanzar el propósito. Tampoco confundamos el propósito con la visión de una empresa. ¡Mucho cuidado!

Es cierto que la mayoría de nosotros trabajamos para obtener ingresos económicos. Sin embargo, eso no significa que esa deba ser nuestra única motivación. Alcanzar objetivos personales y hacer una diferencia en el mundo es un motor significativo para muchos de nosotros.

El propósito tiene que ver con tener la posibilidad de hacer una contribución a los demás y con perseguir un objetivo superior. El trabajo enriquece la vida de las personas al darle un sentido especial y al hacerlas sentir útiles. De ahí la importancia de que las organizaciones posean identidad, visión, propósito, establezcan en sus trabajadores el sentido de pertenencia y refuercen el compromiso organizacional.

Organizaciones *Teal*

Las organizaciones *Teal* son un nuevo modelo organizativo creado a partir de la publicación en 2014 del libro *Reinventando las organizaciones*, de Frederic Laloux. Frederic es un exdirectivo de la consultora McKinsey & Company que ha dedicado varios años a investigar empresas diversas en busca de un modelo organizacional adaptado a los tiempos actuales. Frederic detectó que los puestos de trabajo estaban lejos de ser espacios que potencien pasión y armonía, sino todo lo contrario.

Los criterios que siguió para embarcarse en su análisis fueron los siguientes: 1) Eligió empresas en Estados Unidos y Europa que tuvieran entre 100 y

40 000 empleados, y 2) De estas empresas seleccionó 12 que pertenecieran a diferentes sectores, como el de producción, el de distribución eléctrica y el de consultoría tecnológica. Luego recopiló todas sus conclusiones en su libro. En la obra observamos que Laloux plantea el marco conceptual de la evolución de las organizaciones, las etapas y los paradigmas que sientan sus bases, así como los límites y los avances de cada tipo de empresa.

Para definir el modelo organizacional de cada una de ellas, utilizó un color diferente (uno de ellos es el *teal*, que significa «esmeralda» en español). Descubrió que las organizaciones *Teal* son las que mejor se adaptan al contexto social y económico actual, ya que permiten desarrollar el potencial de todo el equipo humano de una empresa.

De esta forma, este modelo aporta una nueva perspectiva a la forma de gestionar al capital humano de las empresas. Según Laloux, dichos modelos organizacionales hacen referencia a aquellas compañías en las que el equipo humano se convierte en el protagonista. Priorizan la intervención de los empleados en la toma de decisiones y los motivan para incentivar el desarrollo creativo de cada uno de ellos.

The Power MBA

EVOLUCIÓN **HACIA EL** MODELO TEAL

ROJO	ÁMBAR	NARANJA	VERDE	TEAL
Forma de organización de las comunidades más primitivas	Forma de organización de las comunidades sedentarias	Forma de organización de la Revolución Industrial	Forma de organización de la Revolución Industrial	Forma de organización que aparece en el S.XX y crece en el S. XXI
Se demuestra el poder del líder mediante el uso de la violencia	Se llega a la cúspide por antigüedad	Se llega a la cúspide por meritocracia	Se pone el foco en el bienestar de los empleados	Se pone el foco en el bienestar de los empleados y la autogestión
Ejemplos: bandas callejeras, crimen organizado o las tribus ancestrales	Ejemplos: el sector público, los ejércitos o las Fuerzas de Seguridad	Ejemplos: el sector de la banca o las multinacionales	Ejemplos: la mayoría de las ONGs, Starbucks o Ben & Jerrys	Ejemplos: Cyberclick, Zappos o IDEO

El paradigma *Teal* se aplica de forma diferente en cada empresa, ya que no existen reglas fijas para su implementación. A pesar de ello, hay ciertos patrones comunes en todas y cada una de las compañías que optan por utilizar este modelo de organización.

Por otra parte, es una forma de gestión empresarial que no tiene límites, pues en este modelo la clave del éxito está en la capacidad de probar estrategias y en mejorar de forma continua. Ahora bien, imaginemos por un momento lo que pasaría si todas las empresas aplicaran esta forma... En definitiva, ¡habría gente más feliz en el mundo!

Definir el propósito es definir la razón de ser del negocio

Una vez que se ha entendido el propósito o la razón por la cual existe nuestro negocio, es posible comenzar a hacer *marketing* a partir de allí. Simon Sinek lo explica claramente en lo que él llama «El círculo dorado»:

• **¿Por qué?:** Esta es la razón o creencia que guiará y justificará a las dos siguientes. Son los valores, principios o propósitos que orientan la forma de pensar de la empresa. Este es el más importante y el primero que debe trabajarse.

• **¿Qué?:** Aquí se describen los productos, servicios o resultados tangibles que la empresa comercializa. Esto es lo más fácil de identificar y corresponde a la primera capa del círculo.

• **¿Cómo?:** Estos son los sistemas o procesos que la empresa implementa para hacer realidad el qué.

Marcas con propósitos

Larry Fink es un empresario y financiero estadounidense. Desde 1992 es presidente de BlackRock, la empresa de gestión de activos más grande del planeta. Según él, las expectativas de la gente respecto a las empresas nunca habían sido tan grandes, y estas no deben buscar solo ganancias, sino también mostrar cómo contribuyen a la sociedad.

Larry indicó que «sin un propósito, ninguna compañía puede alcanzar su máximo potencial». Los clientes hoy día no solo están tomando sus decisiones basándose solamente en el producto, la calidad o el precio. Están tomando en cuenta lo que una marca representa; su propósito. Si crees que esto es meramente una percepción, toma en cuenta las declaraciones de la empresa Unilever, ellos señalaron que sus marcas con propósito crecen 69 % más que sus marcas tradicionales, además de que representan el 75 % de su rentabilidad actual.

Características de una marca con propósito:

- Tienen un punto focal que representa la guía para todo lo que se hace en el negocio.
- Benefician la vida de las personas y del mundo.
- Inspiran por igual a colaboradores y clientes.
- Promueven una mentalidad de cambio de juego, mirando más allá de los productos actuales para buscar el crecimiento futuro en un nuevo paradigma.

Marcas con propósitos:

• John Mackey, fundador y CEO de Whole Foods Market: «La mayoría de la gente no vive para comer, y tampoco las empresas deben vivir solo para tener ganancias».

- Mark Zuckerberg, fundador y CEO de Facebook: «Estoy aquí para construir algo a largo plazo. Cualquier otra cosa es una distracción».

- Indra K. Nooyi, CEO de PepsiCo: «La búsqueda ciega de ganancias a toda costa es insostenible».

- Paul Polman, CEO de Unilever: «Tenemos que devolverle a este mundo la sensatez y poner el bien mayor por encima del interés propio».

- Marc Benioff, fundador y CEO de Salesforce: «Para ser exitosa, la misión corporativa de una empresa debe ser más que ganar dinero».

- Walt Disney, fundador de The Walt Disney Company: «Creamos felicidad brindando lo mejor en entretenimiento para personas de todas las edades».

- Howard Schultz, CEO de Starbucks: «Cuando estás rodeado de personas que comparten un compromiso apasionado, todo es posible».

- Nike: «Brindar inspiración e innovación a todos los atletas del mundo: "Si tienes un cuerpo, eres un atleta"».

· Samsung: «Dedicar nuestro talento y tecnología a crear productos y servicios que contribuyan a una mejor sociedad».

· Google: «Organizar la información del mundo y hacerla universalmente accesible y útil».

Ciertamente el propósito no determina si el consumidor compra o no un producto; pero sí incrementa la posibilidad de que estos se casen con tu marca. Ahora te pregunto: ¿Tu empresa o emprendimiento posee un propósito que supere el interés monetario? Tú que laboras para una organización, ¿sientes que estás cumpliendo tu propósito de vida a través de ella?

El líder inspirador

Una joven que trabaja en un centro de atención al cliente y cree que su trabajo solo consiste en contestar el teléfono para solucionar algún problema, pronto sentirá insatisfacción por la labor que realiza. Pero si esta empleada cuenta con un líder lleno de visión, que alimente su imaginación, creatividad y ganas, logrará entender que a través de una respuesta dulce pudiera cambiar el estado emocional de alguien más.

Una persona que trabaja limpiando las calles de una ciudad no solo recoge la basura: ¡hace mucho más! Una ciudad limpia atrae turistas, tiene bajos índices de contaminación, genera bienestar, reduce enfermedades y, por supuesto, es más bonita. Recordarle estas cosas a un trabajador de limpieza pública lo inspirará a dar lo mejor de sí.

Ahora bien, cuando hablamos de inspiración es importante definir el significado: Inspirar, en su sentido más elemental, es despertar el ánimo, vivificar el corazón de alguien más para que dé lo mejor de sí. Todo esto a través del ejemplo y la congruencia. Cuando se está inspirado no existen excusas, y se descubren nuevos caminos para alcanzar lo deseado.

Cualquier persona en una empresa puede convertirse en un líder inspirador, sencillamente porque no existe un modelo correcto para ello. Todos somos especiales; todos podemos inspirar a alguien más. No obstante, son muy pocos los que lo hacen. ¿Por qué ocurre esto? Existen varias razones: 1) Porque se cree que para ser un líder influyente se necesita ser un orador carismático como Martin Luther King, Nelson Mandela, Barack Obama, entre otros. Es verdad que se necesita cierta habilidad para expresar las ideas; pero esa no es la más importante ni la principal. Y 2)Por la tendencia generalizada de vivir en piloto automático; de sobrevivir.

La buena noticia es que, como todo en la vida, la facultad de inspirar a otros se aprende y se desarrolla, y es mucho más fácil de lo que se piensa. Los líderes inspiracionales crecen, estudian, aprenden, se desarrollan y se multiplican. Tú puedes ser uno de ellos si potencias atributos tales como el optimismo, el respeto, la humildad, empatía, asertividad, escucha activa, el compromiso, la integridad, etc.

Perfil del inspirador

Existen un sinfín de razones por las cuales las personas admiran a los líderes; destacaré aquí las seis características que considero principales:

1. **Conectan con su personal:** Los buenos líderes conectan con su equipo, y se muestran accesibles y alcanzables para todos. Son empáticos, sencillos y amigables, por lo que suelen ser admirados y queridos en poco tiempo.

2. **Se rigen por valores:** Ellos valoran el resultado, pero también la forma en como se obtienen. Sus resultados son gestados en un ambiente de confianza, transparencia e integridad.

3. **Fomentan el crecimiento de su equipo:** Lo más importante para ellos es disponer todo su conocimiento, energía y pasión en el desarrollo y superación del personal bajo su mando.

4. **Íntegros:** Los buenos líderes son congruentes con lo que piensan, hablan y hacen. Sus testimonios de vida son su mensaje más inspirador e impactante.

5. Humildes: Estas personas aceptan sus errores con facilidad; sobre todo, porque entienden que no se la saben todas. Por lo tanto, siempre intentan rodearse de personas sabias para complementar y potenciar sus ideas y proyectos.

6. Toman responsabilidad y dan reconocimiento: Los líderes se hacen responsables frente a las situaciones adversas del equipo. Por ello, defienden a su personal y lo apoyan. Cuando se logra el éxito permiten que el equipo brille en conjunto, ofreciendo el reconocimiento debido a cada miembro. Esto fomenta la unión, lealtad y el compromiso.

«Los líderes motivadores te empujan a hacer más, pero los líderes inspiradores sacan lo mejor de ti».

Craig Groeschel

Para analizar:

✓ ¿Cómo puedes utilizar alguno de tus atributos para convertirte en un líder que inspire?

✓ Si ya eres ese líder, ¿qué prácticas puedes adoptar para que tu empresa desarrolle una cultura de liderazgo inspiracional?

✓ Si aún no eres un líder inspiracional, ¿cuál es el primer paso para convertirte en uno?

¡Aprovecha tus fortalezas para ayudar a tu equipo a sentir y a creer que son parte de algo más grande que ellos mismos!

Principios de capítulo

- Cuando los empleados no tienen una motivación mayor que la de una remuneración económica para ir al trabajo, estos no adquieren un compromiso real con lo que hacen.

- Los trabajadores motivados por un gran propósito son más felices y logran que las empresas sean más rentables y exitosas.

- El propósito ayuda a los empleados a tener en mente su razón de ser, mientras crean estrategias nuevas para la organización.

- Ser empleado no tiene nada de malo ni es sinónimo de conformismo.

- Todo trabajo honesto dignifica y es necesario para el ecosistema económico y social; las grandes organizaciones y los nuevos emprendedores deben ser considerados igual de importantes.

- El propósito no debe ser confundido con las metas o estrategias del negocio, ya que puedes llegar a una meta o desarrollar una estrategia, pero aun así no alcanzar el propósito.

- Ciertamente el propósito no determina si el consumidor compra o no un producto; pero sí incrementa la posibilidad de que estos se casen con tu marca.

Capítulo 6

¡COMPARTE TU PROPÓSITO SIN TEMOR!

Ningún invento, desarrollo y ningún gran logro jamás han sido realizados sin el poder inspirador de esta misteriosa fuente llamada la visión

Myles Munroe

Si bien el propósito y la visión son aspectos singulares y personales de cada quien, resulta importante perpetuar legados para las generaciones futuras. En ocasiones, la visión de una persona es tan beneficiosa que otras se descubren a sí mismas a través del propósito de ella. Es por eso que hoy contamos con empresas familiares que han roto la barrera del tiempo y han perdurado de generación en generación. Imagínate que aun después de tu muerte tu propósito de vida hable por ti, ¿lo has imaginado?

Quizás argumentes: «Pero... si es mi propósito, ¡es mi visión!, ¿por qué, entonces, he de compartirla con alguien más?». La respuesta a esta interrogante es sencilla: «Uno es un número muy pequeño para la grandeza». Esas son palabras de John Maxwell, y me encantan porque explican muy bien este punto. No hay mejor satisfacción que dejar a nuestras generaciones ardientes por una visión más grande que ellas.

En muchas ocasiones poseemos un propósito tan grande que no puede ser cumplido en su totalidad por nosotros, aunque hayamos ciertamente recibido la misión y luchado hasta el cansancio por ella. Por lo tanto, se hace necesario compartir nuestra visión con otras personas para que esta perdure en el tiempo.

Los líderes más influyentes no lo son por su inteligencia, su carisma o por su buen físico. Las personas no siguen a otras sin ningún motivo, las siguen por sus sueños, propósitos, y por una visión que conecte con la suya propia.

Fuiste creado con virtudes y talentos para cumplir con tu objetivo de vida; sin embargo, este puede ser tan amplio que solo podrás desarrollar una parte —la que te corresponde a ti— de él. Es tu responsabilidad expandirlo. No podemos ser egoístas con esto; más bien, debemos ser promotores de vidas con propósito, pues solo los que hemos pasado por el sinsabor de vivir una vida distraída y a expensas de la aleatoriedad sabemos el vacío que se siente.

¿Tu propósito está limitado a este tiempo?; ¿Cuando mueras morirá tu propósito contigo?; ¿Cuando tu cuerpo no esté presente las personas podrán recordarte por tu visión y propósito? Responde estas preguntas antes de avanzar con esta lectura.

La locura de Walt Disney

Walter Elias Disney soñó con personas que fueran al cine a ver dibujos animados, visualizó animales siendo protagonistas de sus propias historias, e imaginó un parque temático en el que niños y adultos pudieran disfrutar. Disney soñó con cosas que parecían locuras en su momento, pero hoy en día esa ambiciosa visión ha generado felicidad en millones de personas.

En julio de 1955 se inauguró el parque temático de Disney en Anaheim, California, bajo el nombre de Disneyland. Una de sus estrategias de comunicación se basó en mostrar pequeños fragmentos del lugar en el programa Walt Disney's Disneyland. Su lanzamiento despertó gran interés en muy poco tiempo y amplió notablemente la estrategia de negocios de Disney. En el parque podían verse atracciones para toda la familia, que iban desde juegos de acción para los más grandes, hasta desfiles de personajes icónicos para los más chicos.

En 1959 aquel predio experimentó un gran cambio que consistió en la fabricación del primer monorriel en Estados Unidos. Además, a mediados de los 60 se anunció que se edificaría un segundo parque en Orlando, Florida.

Sin embargo, el 15 de diciembre de 1966, Walt Disney falleció por complicaciones relacionadas con su cáncer de pulmón. Su hermano Roy Disney asumió el puesto de presidente y CEO de la compañía, y una de sus primeras decisiones fue cambiar el nombre Disney World por Walt Disney World en su honor.

En octubre de 1971 se inauguró el tan esperado parque de Orlando, bautizado Walt Disney World. El mismo Roy se encargó de recorrerlo y supervisarlo personalmente. Walt Disney no logró ver la inauguración de este parque; sin embargo, su visión y propósito todavía viven y continúan expandiéndose. Es curioso, pero incluso 50 años después de su muerte algunos de los proyectos que dejó todavía no se han realizado; lo más seguro es que una gran parte de su generación tendrá trabajo por hacer y un camino hecho que seguir. Es por ello que hoy en día Walt Disney World sigue innovándose. Qué increíble es que Disney haya pasado sus últimos años de vida compartiendo su visión y propósito.

La visión crea el camino

La mayoría de las personas tienen sueños y metas que desean alcanzar; cada ser humano en este planeta quiere lograr algo diferente. Sin embargo, no es posible hacerlo sin antes visionar ese objetivo.

Primero debemos mantenerlo claro y vivo en nuestras mentes, ya que todo comienza con una visión.

La vida gira en dirección a aquello que más ocupa nuestros pensamientos. Es importante saber que, para alcanzar el éxito en algún área específica de la vida, debemos empezar con el fin visualizado. Tenemos que estar listos para poder recibir eso que deseamos antes de que ocurra.

La diferencia entre los que logran alcanzar una meta y los que no está en el esfuerzo y el compromiso que los primeros emplearon; está en el amor a aquella visión que los impulsó a darlo todo. Por lo tanto, si realmente deseas alcanzar algo, tienes que estar dispuesto a sacrificar el hoy por lo que será mañana. Si, por ejemplo, quieres ser bueno en matemáticas, tendrás que sacrificar horas de sueño practicando, incluso dejar de dormir durante días si es necesario, hasta que te conviertas en el mejor matemático. Así es como debes visualizarte; ¡no te conformes con menos de eso! Asimismo, si quieres ser exitoso en cualquier disciplina deportiva, tendrás que pasar horas y horas entrenando; deberás sacrificar las salidas a fiestas, a reuniones familiares y a todo lo que pueda desviarte del camino. Debes verte exitoso y conectarte emocionalmente con la sensación de triunfo antes de que ocurra lo que deseas.

No te enfoques en lo que pierdes o en el precio que estarás pagando, pues eso te desmotivará y te impulsará a renunciar. Debes, como ya lo he dicho, enfocarte en el resultado. Eso te dará el estímulo que necesitas cuando te sientas mal. La vida premia la tenacidad, el esfuerzo y las ganas de seguir luchando.

¿Cómo identificar la visión?

Por lo general, la visión siempre va contigo; no te abandona. Ella es un cúmulo de pensamientos e imágenes de lo que has soñado y atesorado por bastante tiempo; son los deseos férreos de cumplir ese gran objetivo que te mantiene a flote cuando sientes que todo a tu alrededor se hunde.

Cuando enseño sobre la visión siempre hago hincapié en que no debemos obsesionarnos con alcanzar el éxito, sino con convertirnos en personas que aporten valor a la vida de las demás. Ese debe ser nuestro principal estímulo; estoy seguro de que luego el éxito nos alcanzará, en forma de bienes materiales o en reconocimientos.

Beneficios de tener la visión clara

- **La vida es más sencilla:** A pesar de las dudas que puedan surgir, la visión nos mantendrá enfocados.

- **Delimita tu identidad:** Gracias a ella podrás descubrir con mayor facilidad qué quieres hacer y qué no quieres hacer el resto de tu vida.

- **Serás más preciso y centrado:** Tener la visión clara te permitirá elegir bien, desde qué tipo de libros comprarás, qué *hobbies* o actividades te sumarán, hasta qué tipo de amigos te conviene elegir.

- **Serás próspero:** El hecho de tener objetivos delimitados te ayudará a invertir el dinero de forma inteligente.

Tu creatividad, tus pensamientos, tu forma de vivir la vida y tus valores estarán regidos por tu visión. La visión clarificará tu propósito. La visión crea oportunidades en los momentos de incertidumbre; te impulsa a dar pasos de fe, a tomar riesgos; te hace creer y formar un mundo mejor. Así es como una visión se transforma en una gran pasión.

¿Cómo obtengo mi visión?

Crear una visión es el primer paso para conectar con tu propósito de vida. Una cosa es creer que tienes un futuro prometedor y otra muy diferente es poder visualizarlo con absoluta claridad. Visualiza tu vida como si fuera un recuerdo del futuro, pues así es como podrás convertir sueños en realidad.

Al respecto, el gran pintor Vincent van Gogh afirmó: «Primero sueño mis pinturas y luego pinto mis sueños». En otras palabras, eso significa: ¡Sueña tu vida y luego vive tus sueños! He notado que una de las razones por las cuales las personas no descubren su verdadero propósito es porque se concentran demasiado en el exterior, en lo que hacen o dicen otras personas; esto nos impide descubrir el tesoro que se halla dentro de nosotros. ¡La visión está dentro de ti, no afuera! Dios la colocó dentro de ti, tu futuro está dentro de ti, así como el fruto de un árbol está dentro de la semilla. Sin embargo, para que esa visión pueda expandirse debes compartirla con otras personas.

A continuación te compartiré cinco claves que te ayudarán a desarrollar tu visión:

1. Encuentra el problema que deseas solucionar: Toda visión nace de una situación en la cual puedes utilizar tus talentos, capacidades, dinero y recursos para aportar una solución.

2. Haz una lluvia de ideas para encontrar la solución del problema: Investiga todo lo relacionado con la situación. Haz una lluvia de ideas y analiza todas las posibles soluciones a ejecutar para cumplir con el objetivo.

3. Comprométete a cumplir con la visión: El compromiso es la piedra angular para el cumplimiento de tu visión, ya que la persona que más se va a sacrificar eres tú. La visión debe mover cada parte de tu ser e impulsarte a darlo todo por ella.

4. Establece hábitos que te permitan cumplir con la meta: Nuestros hábitos definen nuestros resultados. Puedes tener una visión muy inspiradora y motivadora, pero si no se desarrollan los hábitos necesarios para cumplir con ella, todo será en vano.

5. Comunica la visión a otros: Compartir la visión con las personas correctas te abrirá muchas puertas. Es probable que halles a unas cuantas que te ayudarán y te impulsarán a hacer tus sueños realidad. Además, podrás recibir la retroalimentación necesaria para ajustar lo que haga falta.

La Gran Muralla China

Un día viendo televisión junto con mi esposa apareció la imagen de la Gran Muralla China y empezamos a conversar al respecto. Mi conocimiento de ella en ese momento era somero, así que cuando empecé a investigar a fondo quedé gratamente sorprendido.

Recuerdo que después de aquella investigación me surgieron preguntas sobre el propósito de esta construcción, y me fue inevitable meditar en el grado de compromiso que se tuvo para llevar a cabo una construcción de tal magnitud. Es evidente que un proyecto de esta índole tuvo que ser realizado por miles de personas que compartían una misma visión y propósito. La edificación tardó aproximadamente 22 siglos para construirse, es decir, 2 200 años.

En este sentido, es lamentable ver cómo tantos proyectos para el desarrollo de la infraestructura pública de varios países han quedado en el olvido, simplemente porque no fueron creados por el gobernante de turno. Esta forma de pensar solo pone de manifiesto la gran falta de compromiso y de visión que algunos líderes políticos tienen. Esta es una manera egoísta de pensar, y que afecta directamente a las futuras generaciones. De ahí la importancia de compartir la visión y de convertirnos en garantes del desarrollo.

Cuando siete dinastías comparten una visión

La Gran Muralla China es una de las siete maravillas del mundo moderno. Se calcula que esta posee unos 21 200 km de longitud desde la frontera con Corea, al borde del río Yalu, hasta el desierto de Gobi, a lo largo de un arco que delinea aproximadamente el borde sur de Mongolia Interior. En promedio, mide de seis a siete m de alto y de cuatro a cinco m de ancho.

Esta es una antigua fortaleza construida y reconstruida entre el siglo V a. C. y el siglo XVI, para proteger la frontera norte del Imperio chino durante las sucesivas dinastías imperiales de los ataques de los nómadas xiongnu de Mongolia y Manchuria. Esta muralla se construyó en las fronteras de la tierra perteneciente a la población Han —mayoría china— y las tribus nómadas del norte.

La Gran Muralla fue construida por primera vez por los Tres Reinos, luego fue extendida y reconstruida por al menos seis dinastías, y fue restaurada como una atracción turística por el gobierno chino. En 1987 la edificación fue designada como Patrimonio de la Humanidad por la Unesco.

¡Necesitas ser comprometido!

Como hemos visto, ¡en la unión está la fuerza! La única manera de lograr hazañas como esas es a través del acuerdo y de la determinación. Toma en cuenta que al final del día tus resultados hablarán de tu nivel de compromiso.

En cierta oportunidad, el académico S. Lehman aseveró:

«El compromiso es lo que transforma una promesa en realidad, es la palabra que habla con valentía de nuestras intenciones, es la acción que habla más alto que las palabras; es hacerse al tiempo cuando no lo hay, es cumplir con lo prometido cuando las circunstancias se ponen adversas; es el material con el que se forja el carácter para poder cambiar las cosas, es el triunfo diario de la integridad sobre el escepticismo. Comprometerse y mantener los compromisos son la esencia de la proactividad »

La palabra «compromiso» es muy poderosa, por lo tanto, ser reconocido como una persona comprometida te abrirá muchas puertas. Cuando estás realmente comprometido con tu propósito, tus acciones son trascendentales, del mismo modo que tus pensamientos lo son; además, te convertirás en una persona creativa que siempre buscará diferentes soluciones para las dificultades. En definitiva, estar comprometido con algo o alguien te impulsará a abrir caminos en donde no los hay; incluso estarás dispuesto a soportar el rechazo y hasta la burla. Ahora pregúntate: ¿Estás realmente comprometido con tu propósito?; ¿Tu comportamiento se parece a la definición planteada por Lehman?

Ser comprometido te permitirá tener confianza en ti mismo; hacer valer tu palabra, por encima de las circunstancias, hará que tu autoestima ascienda a niveles inimaginables. ¡Es así como comenzarás a creer en ti mismo!

Solo tú sabes lo que te has planteado y lo que tanto anhelas, sea cual sea tu aspiración, te animo a que te comprometas con tu propósito hasta que logres tus objetivos. Toma en cuenta que si deseas hacer algo grande en la vida debes aprender a considerar cada paso como el más importante. No olvides que son los pequeños logros los que constituyen las grandes victorias en todas las etapas de la vida.

Principios de capítulo

- El propósito y la visión son aspectos singulares y personales de cada quien; con todo, resulta importante perpetuar legados para las generaciones futuras.

- En muchas ocasiones poseemos un propósito tan grande que no puede ser cumplido en su totalidad por nosotros.

- Las personas no siguen a otras sin ningún motivo, las siguen por sus sueños, propósitos, y por una visión que conecte con la suya propia.

- La vida gira en dirección a aquello que más ocupa nuestros pensamientos.

- Tu creatividad, tus pensamientos, tu forma de vivir la vida y tus valores estarán regidos por tu visión.

- Crear una visión es el primer paso para conectar con tu propósito de vida. Una cosa es creer que tienes un futuro prometedor y otra muy diferente es poder visualizarlo con absoluta claridad.

- Visualiza tu vida como si fuera un recuerdo del futuro, pues así es como podrás convertir sueños en realidad.

7

Capítulo

PERLAS EN LA ADVERSIDAD

Si quieres cambiar el mundo, cámbiate a ti mismo

Mahatma Gandhi

Hace algunos años escuché una pregunta que me dejó impactado: «Si tu vida estuvo llena de dolor y de lágrimas, pero al final, ese dolor te permite salvar la vida de alguien más o ayudarlo a salir airoso de una mala situación, ¿habrá valido la pena el sufrimiento?». Esta reflexión me llevó a pensar en el propósito que hay detrás del dolor. En mi caso, mi respuesta sería positiva, pues ayudar a otros desde la propia experiencia de vida es mucho más poderoso y enriquecedor. Estoy seguro de que las enseñanzas basadas solo en teorías nunca serán tan eficientes.

El dolor puede desarrollar un sentido profundo de significado y propósito. Por lo general, las personas que más han sufrido tienen una comprensión y visión diferente de la vida, por lo que suelen utilizar esas vivencias para ayudar a otras. Y es que hay lecciones de vida tan potentes que solo serán reveladas a nuestro corazón a través de las experiencias dolorosas. Existen aprendizajes que no entenderemos hasta que no vivamos en carne propia cada expresión emocional de ellos.

Encontrar el propósito en medio del dolor es una parte esencial de la curación. Por naturaleza, estamos programados para evitar el dolor, y esa es una de las razones por las cuales la zona de *confort* se convierte en el lugar preferido de muchas personas. Sin embargo, vivimos en un mundo que parece estar sumergido en el dolor y caos. El dolor es inevitable, pero el sufrimiento es opcional. Si bien no podemos escapar de las situaciones que nos harán sufrir, siempre podremos escoger cómo reaccionaremos ante ellas. Podemos utilizar el sufrimiento a favor o en contra, sea como sea, el dolor es parte esencial de la vida.

Que el dolor sea parte de la vida no quiere decir que sea fácil experimentarlo; en realidad, la sabiduría se desarrolla en torno a la hostilidad que la vida nos presenta. No nos volvemos sabios o buenos en algo sin antes obtener experiencia en ello, son

precisamente las experiencias las que pulen y nu-
tren nuestro carácter. Cuando lo pienso me parece
que todo esto es como un videojuego: siempre empezamos por los niveles más fáciles, hasta que en el
transcurso del juego va aumentando la compleji-
dad de él, por lo que mientras avanzamos se nos da
la oportunidad de comprar o tener herramientas
que nos faciliten pasar a los niveles superiores hasta
llegar al final. Algo así sucede en la vida: mientras
más nos acercamos a la meta, más difícil es el camino, pero también es más fácil porque en el transcurso hemos conseguido herramientas —experiencias—
que nos facilitan el avance.

¿Qué estás haciendo con tu dolor?

Un hombre sobreviviente de cáncer va todos los
días a un centro de tratamiento contra el cáncer a
hablar con los pacientes y familiares. Mientras lo
hace comparte su propia experiencia y lo que aprendió de ella. Él afirmó: «Hablar con los pacientes y

animarlos es lo más destacado de mi semana. Nada significa más para mí».

Una joven que luchó contra la adicción en la escuela secundaria es voluntaria en un equipo de recuperación para adolescentes con problemas de adicción. Al poco tiempo se convirtió en un modelo a seguir. «No quiero que otras chicas pasen por el infierno que yo pasé —dice—. Me siento muy feliz cuando los visito. En lugar de lamentarme por lo que pasé, lo estoy usando para marcar la diferencia».

Un hombre que sufrió de depresión y ansiedad durante la mayor parte de su juventud, decidió darle un nuevo significado a su dolor, para ayudar a otros en la transformación de sus vidas. Ahora es un apasionado por dirigir a otros a encontrar sus propósitos de vida y a vivir en plenitud. Ese hombre soy yo.

Poderosas lecciones en el dolor

«Pequeña niña perdida; pensó que nadie la quería, que nadie la deseaba. Se escapó de su castillo. Cayó en manos del diablo y de su falso amor, y con ese abrazo se convirtió en otra persona. Se convirtió en una ramera, en la reina de las mentiras, la Jezabel. Esa es mi vida»...

Esas fueron las palabras de Anni Lobert, una extrabajadora sexual, para un programa de YouTube llamado *Soy segundo*. Recuerdo que su testimonio de vida tocó cada fibra de mi corazón. Lobert llegó a lo más bajo, a la expresión máxima de dolor; sin embargo, tras él, surgió una historia impresionante y bella.

Lobert empezó a sufrir desde niña debido al rechazo y maltrato físico constante que recibió de su padre. Luego, en la escuela secundaria, experimentó su primer desamor. Y las consecuencias de este fueron tan nefastas que decidió vengarse por el daño que le habían causado. Así fue como empezó a vivir una vida de desenfreno y de felicidad momentánea, hasta que con el paso del tiempo y por diversas situaciones se convirtió en una prostituta.

La avaricia rindió sus frutos, pues al poco tiempo de trabajar como dama de compañía logró vivir la vida de sus sueños: coches de lujo, propiedades, ropa de marca y miles de dólares en su cartera. Pero como no todo lo que brilla es oro, más adelante se enfrentó a las consecuencias de sus malas decisiones. Y así fue como una densa oscuridad la arropó por completo hasta convertirla en una adicta a la heroína, hasta quedar sin dinero y enfermar de cáncer.

Todas esas situaciones pudieran parecer razones suficientes para abandonar ese trágico estilo de vida. Sin embargo, ni el cáncer ni los maltratos recibidos por aquellos hombres fueron suficiente para que ella se detuviera. Llegó al punto de intentar suicidarse a través de una sobredosis de cocaína.

Ella comenta que en aquel momento solo atinó a decir: «Dios, si eres real, ¡¡sálvame!! ¡No quiero morir así!». Cuando los médicos la encontraron tendida en el piso de aquella fría habitación, dijeron: «¡Es un milagro que estés viva con tanta droga en tu cuerpo! ¡Dios debe estar contigo!». Cuando parecía que ya no había oportunidades para ella, literalmente en las puertas de la muerte, se le dio una segunda oportunidad.

Luego de esa experiencia traumática y de pasar meses en el hospital recuperándose, Anni comenta que se dio la oportunidad de leer la Biblia y así fue como conoció a Jesús. ¡Su vida cambió totalmente! Luego de tanto sufrimiento, Anni Lobert hoy va por las calles de Las Vegas diciéndole a las mujeres que venden su cuerpo: «Eres preciosa y Jesús te ama». Actualmente dirige un ministerio llamado *Hookers for Jesus*, una organización sin fines de lucro fundada por ella misma para contrarrestar los dañinos efectos de la prostitución y el tráfico sexual.

Su misión y propósito ahora es ayudar, dar esperanza y sanar a quienes se han visto afectados por la industria del entretenimiento para adultos. También escribió una obra literaria llamada Fallen, en la que relata su vida como propiedad de un proxeneta violento que tomó cada dólar ganado por ella a través de la prostitución. Además, narra las historias de otras personas que se vieron afectadas por la misma situación, pero que también encontraron la libertad, el amor y la salvación en Jesús, el Cristo.

«De modo que si alguno está en Cristo, nueva criatura es; las cosas viejas pasaron; he aquí todas son hechas nuevas».

2 Corintios 5:17

¿El dolor te despierta o te adormece?

Por lo general, cuando no hemos entendido la labor que tiene el dolor en nuestras vidas, luchamos contra él, intentamos superarlo mediante la búsqueda de algún milagro divino, o simplemente lo ignoramos. Por fortuna, existe un grupo significativo de personas que han acertado al encontrar perlas en la adversidad, y gracias a ello han hecho de su experiencia dolorosa un aprendizaje que les permite ayudar a otros que se encuentran en una situación similar.

¿Quién mejor que una persona que haya pasado por una quiebra para ayudar a otra que esté en la misma situación?; ¿Quién mejor que alguien que haya sufrido los estragos de una adicción a estupefacientes y haya salido victorioso, para alentar a aquellos que luchan contra ella?; ¿Quién más propicio para ayudar a alguien que ha perdido a un hijo que aquel que ha perdido a uno?

He escuchado decir que los hombres excepcionales nacen una vez cada 100 años, yo no creo que eso sea cierto. El caso es que a lo largo de la historia han nacido personas que aun en los momentos más desafiantes han superado obstáculos y han sido ejemplo para las demás. Estas son las que marcaron la historia con sus impactantes testimonios y estilos de vida. Se mostraron inquebrantables ante la adversidad, y esto me llevó a preguntarme qué efecto ha tenido el dolor en mí: ¿me ha adormecido o despertado?

La visión y el propósito son los que marcan la diferencia. Estas son las claves que nos permiten abrir las puertas a nuevos significados y observar escenarios esperanzadores en medio de desiertos. En este sentido, quiero presentarte la historia de seis personas que descubrieron su propósito en el dolor y que hoy inspiran al mundo entero.

Marlee Matlin

Tan solo a la edad de un año y medio, Marlee quedó sorda. El lema de su vida es: «Lo único que no sé hacer es oír». En la infancia, a pesar de los consejos de los doctores, sus padres la inscribieron en una escuela regular —en lugar de un establecimiento especial para niños con deficiencia auditiva—, y con ayuda de programas especiales con el tiempo se adaptó. Gracias a esto, ha tenido una vida normal, se convirtió en actriz e incluso obtuvo un premio Oscar. Marlee a menudo dice: «Hago todo para que la gente entienda lo que me enseñaron mis padres: que los sordos no solo merecen respeto, sino también ser escuchados».

Nick Vujicic

«No necesito piernas ni brazos. Necesito la vida, ¡y no rendirme jamás!», este lema ayudó a Nick Vujicic a convertirse en uno de los oradores motivacionales más famosos, a graduarse de una Escuela de Economía, a casarse y tener dos hijos. Nick heredó la fuerza de voluntad de su madre. En una de sus entrevistas dijo que las palabras de ella determinaron toda su vida: «Nick —decía su madre—, debes jugar con niños normales porque eres normal. Sí, te falta algo, pero eso no importa».

Ray Charles

Ray Charles, el legendario músico estadounidense que ganó 12 premios Grammy. En la infancia empezó a perder la vista y a los siete años quedó completamente ciego. Cuando Ray tenía 15 años, su madre falleció. Durante muchos días el joven no pudo dormir, comer ni hablar. Estaba seguro de que se volvería loco. Cuando salió de la depresión, se dio cuenta de que al superar esa tragedia podría superar cualquier cosa.

A los 17 años, el músico empezó a grabar sus primeras canciones al estilo del soul, jazz y R&B. Ahora muchos consideran a Ray Charles una leyenda, sus obras incluso están incluidas en la Biblioteca del Congreso de los Estados Unidos. En 2006, después de la muerte del músico, la revista *Rolling Stone* incluyó a Ray Charles en la lista de los 100 artistas más grandes de todos los tiempos, ocupando el puesto número 10.

Ludwig van Beethoven

A los 26 años Ludwig empezó a perder la audición. Sin embargo, esto no le impidió componer música. Cuando casi dejó de oír escribió «Claro de luna», y siendo totalmente sordo, «Para Elisa».

Gracias a su personalidad fuerte y a su gran talento aprendió a escuchar la música en su interior, y luego de componer la «Sinfonía n.° 9», dirigió un concierto. Después del triunfo lloró. «Para una persona con talento y pasión por su trabajo, no existe ninguna barrera», afirmó Beethoven.

Jim Abbott

En los Juegos Olímpicos de Seúl 1988, el equipo estadounidense de béisbol logró la presea dorada. Jim Abbott fue uno de los héroes. Oriundo de

Míchigan, Jim nació en 1967 sin la mano derecha. Al contrario de lo que la mayoría pensaría, Jim decidió convertirse en lanzador al estilo del gran Walter Johnson. Para realizar el lanzamiento, tener una sola mano no parecía ser un verdadero inconveniente, pero ¿dónde usaría el guante para atrapar las pelotas que pasarían cerca de él, o cómo tomaría el madero en su turno al bate?

Jim tuvo que sortear numerosas dificultades en su niñez, como cuando fue el blanco de las bromas de sus compañeros por tener que llevar un garfio en su muñón, según recomendación de un médico. Además, fue su padre quien dedicó horas a entrenarlo en el lanzamiento de la pelota, y ayudó a Jim a desarrollar su técnica de calarse el guante inmediatamente después de haber ejecutado un lanzamiento.

Su perseverancia y talento, además de su determinación para obviar los comentarios negativos, lo llevaron no solo a convertirse en medallista olímpico, sino a jugar para los Yankees de Nueva York y los

Medias Blancas de Chicago, entre otros equipos que atestiguaron su exitosa carrera.

Albert Einstein

Cuando Albert Einstein era pequeño resultaba difícil suponer que lograría tener éxito en su vida. Hasta los tres años de edad, Albert no sabía hablar, padecía de autismo y dislexia. En muchas ocasiones faltaba a clases, por lo cual jamás recibió su certificado de graduado. Para demostrarles a sus padres que no era tonto, Einstein se preparó por su cuenta y en un segundo intento logró ingresar al Instituto Politécnico de Zurich.

Albert solía decir: «Todos somos genios. Pero si juzgas a un pez por su habilidad de trepar árboles, vivirá toda su vida pensando que es un inútil».

Paul Richard Alexander

Nació en Texas, Estados Unidos, en 1946. Seis años después contrajo poliomielitis, por lo que fue conectado a un pulmón de acero a los seis años y, desde entonces, su vida cambió para siempre. Antes de cumplir los 20 dependía tanto de la cápsula de oxígeno que los médicos disminuyeron sus expectativas de vida para su futuro. Sin embargo, a los 76 años asegura: «Nunca me di por vencido, y todavía no voy a hacerlo».

El pulmón de acero es una especie de cápsula de metal con un ventilador de presión que le permite respirar. Alexander está acostado adentro de esta cápsula. Solo su cabeza queda afuera, descansando sobre una almohada que está sobre una mesa cuya altura se puede ajustar.

Esa retadora situación de vida no le impidió cursar sus estudios secundarios, y así fue como se convirtió en uno de los primeros estudiantes educados en casa del Distrito Escolar Independiente de Dallas. «Como odiaba simplemente ver televisión todo el día, comencé a estudiar y me gradué en la escuela secundaria con honores», le contó a *The Guardian*. Aprendió a memorizar en lugar de tomar notas. A los 21 años se graduó segundo en su clase, convirtiéndose en la primera persona en graduarse de una escuela secundaria de Dallas sin asistir físicamente a una clase.

Pero sus metas no se limitaron a un título de bachillerato, Paul quería más. Afirmó que siempre quiso ser abogado, así que luchó con todo su ser hasta que obtuvo la licenciatura en Derecho en la Universidad de Texas. Más adelante, en 1984, obtuvo un doctorado en Leyes en la Universidad de Texas. Todo eso lo logró desde su habitación.

En la oscuridad se crea el camino

El diamante más bello del mundo se exhibe en las mejores galerías y en las joyerías más renombradas. Al mirarlo es imposible no quedar deslumbrado por su belleza. Sin embargo, al observarlo, es difícil entender cómo es que una joya así fue procesada durante muchos años en la oscuridad, en las profundidades de la tierra, y sometida a gran presión. Lo mismo ocurre con el éxito; este no se desarrolla en la luz, sino en la oscuridad. Ocurre muy lejos de la zona de *confort*, en medio de un mar de dudas, de temores y de incertidumbres.

Cuando pienso en él siempre recuerdo las palabras de mi amigo Gustavo Henao, escritor y conferencista: «Si no quieres el proceso, no eres digno del propósito». Esta frase me hizo reflexionar mucho, pues entendí que por lo general se anhela el brillo del propósito, el aplauso y la gloria de estar en grandes escenarios, pero olvidamos la necesidad de atravesar las sombras y la oscuridad del proceso.

Debemos estar muy claros en esto: Los buenos propósitos siempre serán puestos a prueba, siempre. Si realmente deseas llegar a una meta o cumplir un objetivo, serás probado. No será un camino fácil para ti. Debes preguntarte si estás dispuesto a darlo todo por ese gran sueño.

No existe ningún logro importante en tu vida ni en la mía que no se haya gestado en la oscuridad, bajo presión y en medio de la dificultad. Piensa en eso por un instante. Cada uno de tus logros costó sangre, sudor y lágrimas. ¡No renuncies ahora! ¡¡Aguanta!!, persiste y disfruta el proceso.

Recuerda: La recompensa de experimentar el dolor del proceso, de atreverte a permanecer intentándolo día y noche, será brillar como ese gran diamante cuando todo lo difícil haya pasado.

Desconozco cuál sea tu situación actual o a qué te estés enfrentando, solo deseo animarte para que mires hacia el futuro con esperanzas, para que tengas presente que *donde existe un deseo, existe un camino*. En este punto, creo que ya te ha quedado claro que siempre existen posibilidades de descubrir lecciones de vida en el dolor; mi pregunta para ti es: ¿Cómo puedes usar tu experiencia dolorosa para servir a los demás? Porque sí, querido amigo, siempre siempre podrás hallar perlas en la adversidad. Quizás, mientras buscas, encuentres algo que te sorprenda...

Tu historia más difícil algún día será la más fácil de contar.

Principios de capítulo

- El dolor puede desarrollar un sentido profundo de significado y propósito.

- Existen lecciones de vida tan potentes que solo serán reveladas a nuestro corazón a través de las experiencias dolorosas.

- Podemos utilizar el sufrimiento a favor o en contra, sea como sea, el dolor es parte esencial de la vida.

- Cuando no hemos entendido la labor que tiene el dolor en nuestras vidas luchamos contra él, intentamos superarlo mediante la búsqueda de algún milagro divino o simplemente lo ignoramos

- La visión y el propósito son los que marcan la diferencia. Estas son las claves que nos permiten abrir las puertas a nuevos significados y observar escenarios esperanzadores en medio de desiertos.

- Debemos estar muy claros en esto: Los buenos propósitos siempre serán puestos a prueba, siempre.

- La recompensa de experimentar el dolor del proceso, de atreverte a permanecer intentándolo día y noche, será brillar como un gran diamante cuando todo lo difícil haya pasado.

Capítulo **8**

APROVECHA EL TIEMPO

Tu tiempo es limitado, de modo que no lo malgastes viviendo la vida de alguien más. No dejes que el ruido de la opinión de los demás acalle tu propia voz interior. Y, lo que es más importante, ten el coraje para hacer lo que te dicen tu corazón y tu intuición

Steve Jobs

Parado sobre el borde del balcón de un rascacielos, listo para lanzarse y acabar con su vida, estaba Julio César, un reconocido psiquiatra. Él se hallaba en un conflicto interno consigo mismo y con los demás; pero lo que más lamentaba era el hecho de haber perdido el rumbo de su propia existencia.

De una u otra forma, todos hemos pasado por un momento así, en el que nos encontramos al borde de un balcón, sin saber si la vida realmente tiene sentido. Es muy triste llegar a ese punto, pero es más común de lo que debería.

Según las convenciones sociales una vida exitosa se resume en estudiar una prometedora carrera universitaria —preferiblemente aquellas que tienen que ver con los negocios y la ingeniería—, en ser contratado por una buena empresa y devengar un cuantioso salario. Esa forma de vida no está mal para aquel que la desee; lo malo es hacer de ella una norma. Es cierto que ganar mucho dinero, tener prestigio social y éxito empresarial, por un espacio de tiempo, genera satisfacción; sin embargo, siempre llegará ese momento incómodo de preguntas existenciales, y si no sabemos canalizarlas podemos llegar al borde del balcón. «¿Hay algo más que esto para mí?; ¿En verdad de esto se trata la vida?»; sin las respuestas apropiadas a esas interrogantes se nos puede ir la vida.

«Si vas a perder algo procura que no sea tiempo, puedes perder dinero y seguramente podrás volver a recuperarlo, pero el tiempo no. El tiempo es nuestro activo más valioso, podemos guardar dinero para luego pero no tiempo».

El vendedor de sueños

El tiempo es un regalo, aprécialo como tal. Solo disponemos de 1 440 minutos al día; la forma en la que inviertas esos minutos es crucial. Cuando entendamos que ser el hombre más rico del cementerio no significará nada, empezaremos a ver la vida de una forma diferente y con propósito. Tu lápida no dirá la cantidad de dinero que acumulaste en vida, así que la acumulación de riquezas no debería ser la meta, sino el resultado de una buena planificación para el beneficio propio y de los demás. El dinero no es malo, malo es convertirlo en lo más importante, pues así es como muchas personas han perdido su libertad y dignidad por él.

No desperdicies tu vida persiguiendo metas tan simples como la mera obtención de dinero, ¡él solo es un resultado! Enfócate en actividades y acciones que realmente llenen tu alma y tu espíritu. No importa cuán rentable sea o no tu sueño, si lo deseas tanto como respirar, entonces encontrarás el tiempo para hacerlo realidad. ¡Aprovecha el tiempo que tienes!, ya que sin darte cuenta el café se enfría, lo temprano se convierte en tarde, lo nuevo en viejo, y en un parpadeo se envejece.

Retroceder el tiempo

Quizás se te ha pasado por la mente la idea de retroceder el tiempo para cambiar algún aspecto o situación de tu vida; pero inmediatamente has notado que eso es imposible. Lo que sí es posible es gestionar el tiempo presente de manera inteligente. Si bien no existen fórmulas mágicas para esto, te compartiré algunas prácticas que te ayudarán:

- **Priorizar:** Es necesario que selecciones en orden de importancia las actividades a realizar, y que le coloques un tiempo de cumplimiento a esa actividad. Una vez que la escojas, lo demás pasa a segundo plano.

- **Concéntrate solo en una actividad:** En la actualidad es muy fácil perder la concentración con tantos estímulos que llegan a través de redes sociales, la televisión, la radio o inclusive por nuestra propia mente. Elimina de tu alrededor todo lo que pueda distraerte. Mientras más concentrado estés en una actividad, mejores serán los resultados.

- **Establece tiempos para concluir con las actividades:** Si decides limpiar tu casa en tres horas, tomarás tres horas en limpiarla; pero si no le colocas un tiempo, podrás pasar días sin hacerlo. No te dejes encantar por una actividad de tal manera que te absorba. ¡Debes ponerles límites a las tareas, y respetar esa decisión! Si no lo haces, el tiempo que inviertas en una actividad puede interferir con el tiempo de la otra, y el objetivo es cumplir con todo lo propuesto.

• **Una sola cosa a la vez:** Siempre he pensado que el *multitasking* es una fantasía. Centrarse en una sola tarea permite lograr resultados realmente óptimos.

• **Mide tus resultados:** El abogado Peter Drucker afirmó: «Lo que no se mide no se puede mejorar». Debemos medir nuestros resultados para tomar mejores decisiones en la utilización de nuestro tiempo.

Optimiza el tiempo, y gánale tiempo al tiempo. La única forma de hacer esto es midiendo tus resultados. Por ejemplo, algunas personas dicen que no leen porque hacerlo les quita mucho tiempo; sin embargo, cuando realizan el simple ejercicio de dividir la cantidad de páginas de un libro entre los días del mes, se dan cuenta de que no son muchas las páginas a leer por día, y que hacerlo no les tomaría más de 15 minutos. Esta es una forma de medir resultados.

En definitiva, si logras gestionar y aprovechar el tiempo de una mejor forma, no solo lograrás alcanzar la meta que deseas, sino que podrás hacer más y mejores cosas. Esto te permitirá estar satisfecho y feliz contigo mismo.

«No es que tengamos poco tiempo, sino que perdemos mucho».

Séneca

La fragilidad de la vida

Reconocernos como seres frágiles nos permite ser más empáticos con los demás y con nosotros mismos. En la fragilidad de la existencia humana he hallado muchos aprendizajes; entre ellos, la necesidad de valorar el tiempo y a las personas que forman parte de lo que soy. Sin embargo, esas enseñanzas solo son visibles para aquellos que se detienen por unos minutos a reflexionar y a hacer catarsis.

Detenernos para mirar dentro de nosotros suele ser difícil, debido a que casi siempre estamos concentrados en empezar a trabajar en alguna actividad o en finiquitar algún proyecto. Así es como el tiempo se nos va poco a poco. No obstante, en el 2019 hubo una disrupción que puso en jaque la identidad y estabilidad emocional de millones de personas.

La cuarentena y el distanciamiento social durante la pandemia por *COVID-19* trajo consigo esas lecciones; pero también mucho dolor. Nos tocó aprender a la fuerza. En mi caso también aprendí nuevas lecciones cuando vi partir de esta tierra a gente muy amada por mí.

Uno de mis hermanos estuvo recluido en el hospital tras haberse contagiado de *COVID-19*. La noche anterior a su fallecimiento, mi hijo y yo intentamos contactarlo por videollamada para saber cómo se estaba sintiendo. Sin embargo, nos fue imposible.

Mi hermano Chombo, como le decíamos de cariño, era muy apegado a mi hijo Daniel Felipe. Él lo llenaba de juguetes y de amor. Lo llamaba «mi príncipe», y cada vez que lo veía le decía: «Recuerda que tu tío Chombo te quiere mucho; ¡nunca lo olvides!». Ese amor hacia su sobrino era de admirar. Por mi parte, ambos éramos aficionados a las conversaciones profundas; podíamos hablar por horas sin aburrirnos.

Recuerdo que aquella noche intentamos llamarlo varias veces. Como sabes, las visitas para las personas contagiadas por *COVID-19* en los hospitales están prohibidas, por lo que no podíamos visitarlo. A pesar de todo, Daniel Felipe se mostraba entusiasta cuando su tío no nos contestaba las llamadas ni los mensajes de texto: «Bueno, papá, mañana lo intentamos otra vez», decía.

Mi hermano batalló contra problemas en el hígado por muchos años, y se encontraba en lista de espera para un trasplante. La familia estaba segura de que también saldría ileso del *COVID-19*, porque él ya había desarrollado mucha fuerza interna por su condición de salud previa. Sin embargo, nunca más pudimos hablar con él. Solo recibíamos el reporte del médico todas las mañanas indicándonos su estado de salud.

Fue a las 6: 00 a. m. del 5 de febrero del año 2021 cuando recibimos la noticia: ¡Mi amado hermano había fallecido!, solo y en una fría habitación de hospital.

«Debemos usar el tiempo sabiamente y darnos cuenta de que siempre es el momento oportuno para hacer las cosas bien».

Nelson Mandela

Hoy todavía espero verlo; algunas veces me pregunto dónde estará. Luego caigo en cuenta de que se fue para siempre, y de que, al menos en este plano, ya no lo veré más. Tengo la computadora llena de videos y fotos de él; me gusta verlas porque en ellas sonríe, porque en ellas estoy yo junto con él.

Su partida me ha enseñado tanto. Ese dolor que se convirtió en impotencia al no poder estar a su lado en sus últimos días de vida, me ha dado razones para valorar y abrazar mi presente. Por ello, hoy te aconsejo que aprecies cada día y que no des el futuro por sentado. Toma cada oportunidad y disfruta cada respiro. No olvides que tu vida tiene un gran propósito; ¡así que sal, descúbrelo y vívelo!

La pandemia trajo consigo una dura e inesperada lección sobre la verdadera humildad. Ella arremetió con fuerza contra nuestras aspiraciones de vivir como autómatas. En definitiva, con esta nueva forma de vida, todos nos dimos cuenta de algo que ya sabíamos pero que quizás nos negábamos a ver: el mundo escapa de nuestro control.

Esta pandemia ha dado lugar a cambios de conciencia, porque nos ha mostrado que nadie es mejor o más importante que otro: ni ricos ni pobres, ni negros ni blancos, todos somos iguales. Considero que en esta parte de nuestra historia tenemos la opción de elegir el desarrollo de nuestros entendimientos y fijar nuestras miradas en Dios.

El virus nos bajó del pedestal en el cual vivíamos, para mostrarnos no solo la vulnerabilidad de nuestra condición humana, sino también la necesidad de vivir una vida con propósito.

Haz una pausa y vuelve a empezar

Teníamos el calendario lleno de actividades. La verdad, estábamos muy ocupados estando ocupados; sumergidos en nuevos proyectos o en la creación de nuevas estrategias de negocio; planificando cómo serían nuestras próximas vacaciones; enfocados en lo externo, perdidos en nuestro propio mundo..., así estábamos.

Con todo, no puedo afirmar que la pandemia ha significado lo mismo para todas las personas, porque aun estando confinados he visto cómo a muchas se les dificulta darse espacio para el análisis y el autodescubrimiento. Este hecho nos deja claro que vivir con propósito está más relacionado con una decisión intrínseca que con una determinada forma de vida.

Qué tal si...

Pero... ¿qué tal si en verdad detienes tu revolución interna y dejas que tu ser interior hable?; ¿Qué tal si sacas tiempo para trabajar en aquellos aspectos de tu vida que requieren atención?; ¿Qué tal si te das un tiempo para ser honesto contigo mismo?

¿Qué tal si haces eso que amas sin preocuparte del qué dirán?, ¿qué tal si este es tu último día para hacerlo?

¿Qué tal si haces esa llamada pendiente?; ¿Qué tal si tienes esa conversación que has evitado, pero que necesitas tener para cerrar ciclos?; ¿Qué tal si te reconcilias y pides perdón?

¿Y si empiezas a conocer mejor a tus seres queridos?

¿Qué tal si cuestionas un poco tu actividad laboral?; ¿será que estás viviendo de lo que amas?

¿Qué tal si intentas crecer espiritualmente?; ¿Qué tal si conoces más al Dios de la Biblia?

¿Qué tal si te conviertes en un ser agradecido, sin importar lo incierto que se vea el futuro? ¿Y si vives cada día dando lo mejor de ti?

¿Qué tal si dejas de lado las excusas, los miedos, las opiniones de los demás y cumples tu sueño más loco y anhelado?

¿Qué tal si te permites ser frágil y, desde ahí, descubrir tu fortaleza para ponerla al servicio de los demás?

¿Y si aprendes a amar?

¿Qué tal si aprendes a apreciar la sonrisa de tu cónyuge?

¿Qué tal si pasas por alto la ofensa y perdonas?

¿Y si decides ser todo lo que quieres ser y exprimir todo tu potencial en la actividad que amas?

¿Qué tal si te conviertes en el constructor de un futuro esperanzador?

¿Qué tal si vives con propósito desde hoy?

Principios de capítulo

- El tiempo es un regalo, aprécialo.

- No desperdicies tu vida persiguiendo metas tan simples como la mera obtención de dinero, ¡él solo es un resultado!

- El dinero no es malo, malo es convertirlo en lo más importante, pues así es como muchas personas han perdido su libertad y dignidad por él.

- No importa cuán rentable sea o no tu sueño, si lo deseas tanto como respirar, entonces encontrarás el tiempo para hacerlo realidad.

- Reconocernos como seres frágiles nos permite ser más empáticos con los demás y con nosotros mismos.

- La pandemia trajo consigo una dura e inesperada lección sobre la verdadera humildad.

- Vivir con propósito está más relacionado a una decisión intrínseca, que a una determinada forma de vida.

Capítulo 9

LAS VIRTUDES DEL CAMBIO

*El cambio es inevitable, el crecimiento
es opcional*

John Maxwell

La mayoría de las personas saben que los cambios son necesarios e importantes para el desarrollo de la vida. Ellos nos dan la oportunidad, si sabemos aprovecharla, de obtener nuevos y mejores resultados en todas las áreas. Debemos reconocer que para lograr eso tenemos que experimentar cambios que nos impulsen a salir de nuestra zona de *confort* por medio de nuevos retos y desafíos. Ese es, *grosso modo*, el propósito del cambio.

Con todo, por el hecho de ignorar las virtudes del cambio, solemos resistirnos a él. Esta lucha es inútil, pues el cambio es inevitable, constante e imposible de detener. Pero si decidimos abrazarlo y aceptar sus movimientos, pudiéramos adaptarnos a él de una mejor forma.

Por lo general, los líderes que han alcanzado el éxito y el reconocimiento del mundo han sido expuestos a constantes cambios. Y de esa manera es que se han convertido en quienes son: personas fuertes, determinadas y comprometidas. Existe, sin embargo, un gran problema con el cambio como proceso natural de la vida, y es lo inesperados que pueden llegar a ser. Cuando suceden de esa manera solemos estar en una situación incómoda y desagradable. Por lo tanto, el verdadero inconveniente con el cambio no es él en sí mismo, es la falta de control que tenemos cuando aparece de pronto; eso nos genera mucha tensión.

En mi caso, prefiero los cambios más planificados, en los que tenga un tiempo de adaptación y aceptación. Es probable que todos nos inclinemos por esta opción. En tal sentido, siempre recuerdo el momento en que pasé por uno de los cambios mas decisivos de mi vida. Estaba en el jardín de mi casa disfrutando de mi lectura diaria, cuando de pronto me vino la idea de independizarme y abrir mi propio negocio, enfocado en el desarrollo y la superación personal. En primera instancia, la idea me pareció maravillosa; pero, a su vez, me generó un gran temor, uno que debía enfrentar, ya que no quería pasar el resto de mi vida trabajando en una oficina. No era lo que anhelaba.

Así fue como en el 2016 inicié un proceso de *mentoring*, con el objetivo de planificar mis próximos pasos para cumplir con la decisión de abandonar el mundo corporativo. Junio del 2020 fue la fecha que seleccioné para finalizar con mis 24 años de carrera profesional. Sin embargo, ese cambio se dio antes de lo planificado, y de una forma inesperada. En la introducción de este libro hablé sobre eso.

Esta situación, pese a que deseaba que sucediera, desajustó mi cotidianidad debido a que quería que todo se diera bajo mis términos y en un tiempo específico. Y no fue así. Me tocó, entonces, cambiar mi forma de pensar sobre ese acontecimiento, y así fue como entendí el propósito detrás de él. Cuando logramos encontrar la razón o el propósito detrás de los cambios bruscos y las situaciones adversas, los temores disminuyen y la motivación se eleva.

El propósito detrás del cambio

Descubrir cuál es la razón para dar o aceptar un cambio es el paso más importante de todos. Generalmente, las personas cambian por dos razones: 1) Porque lo necesitan, y 2) Porque lo desean. El primer caso se da cuando, por ejemplo, una persona se encuentra en riesgo de morir debido a hábitos alimenticios no saludables; o cuando un esposo, frente a la posibilidad de divorcio, decide cambiar su forma de actuar con su pareja por miedo a perderla. Situaciones como esas impulsan a las personas a cambiar por temor y necesidad. Por otra parte, están las que anhelan vivir un cambio; y son aquellas que han decidido dar un giro a sus vidas para lograr algún objetivo concreto.

En algún momento todos hemos experimentado esos dos tipos de cambios. Y lo cierto es que, gracias a ellos, podemos entender que cambiar nos ayuda a evolucionar y nos da la posibilidad de vivir la vida que soñamos. Es por esto que reitero la importancia de descubrir cuál es el propósito detrás de los cambios que la vida nos presenta o que deseamos tomar. Esto es fundamental para alcanzar el éxito, no solo a nivel personal, sino empresarial.

Querido lector, la clave para aprovechar los cambios inesperados es adaptarnos a cada uno de ellos, en tanto descubrimos el propósito de ellos en nuestras vidas. Debemos entender que hay lecciones maravillosas en cada cosa que nos sucede.

Ahora bien, ¿has pensado en qué aspecto de tu vida necesita un cambio? Puedes empezar por analizar qué es lo que no está funcionando para ti en la actualidad. ¿Acaso has contemplado la idea de hacer ese cambio?

«El cambio solo ocurre cuando el deseo de cambiar supera el deseo de quedarse haciendo lo mismo».

Anónimo

Lo único constante es el cambio

En el mundo de los negocios los cambios ocurren casi a diario. La globalización y los avances tecnológicos obligan a las empresas a realizar esos cambios, pues de lo contrario desaparecerían. Así como ha pasado con organizaciones como Blockbuster, Kodak y Nokia, cuya falta de adaptación las sepultó.

Imagino que conoces las zapatillas Converse All Star. Esta marca de zapatillas tiene una gran historia desde su fundación en 1908. Es muy interesante descubrir cómo es que esta pasó de dominar los tabloncillos de las canchas de baloncesto a dominar las calles de todo el mundo.

Con gran variedad de colores y modelos, todas las Converse compartían un denominador común: una parte superior de lona y una suela de goma, las cuales eran utilizadas por los mejores jugadores de baloncesto de los años 80. Sin embargo, una serie de malas decisiones y los cambios repentinos en su gerencia, además del aumento de la competencia, hicieron que la compañía perdiera el rumbo durante varias décadas. Hasta que en 2001 se vio obligada a declararse en bancarrota. A partir de allí la historia de la compañía dio un giro, pues la empresa de zapatillas Nike, aprovechando la crisis interna, compró Converse y la salvó de la extinción.

Nike cambió radicalmente la estrategia de Converse, hasta entonces focalizada en el baloncesto, y se enfocó en hacerse un nombre en la cultura urbana, ya que el cliente buscaba comodidad. Fue así cuando en el 2005 Nike relanzó el modelo y lo convirtió en un fenómeno cultural.

Si no haces nada, nada pasará; si tomas acción desde el temor, los resultados serán mínimos; pero si tomas una decisión significativa serás recompensado con resultados significativos. Sea cual sea el camino que tomes, los cambios son necesarios para avanzar en la vida.

Recientemente escuché una conferencia en la cual el orador expresó lo siguiente: «Debemos vivir la vida en una casa con más espejos y menos ventanas». Esto quiere decir que al vivir entre espejos siempre nos daremos cuenta de las fallas que tengamos, mientras que si la casa tiene más ventanas, nos será fácil culpar a los demás de nuestros errores.

Aplicar esta forma de ver la vida es un reto, pues nos obliga a cambiar de manera constante para obtener así los resultados que deseamos.

En el 2016, cuando hice mi primera certificación en *coaching*, trabajaba para una empresa, y recuerdo que me reuní con el gerente de Capital Humano para manifestarle mi deseo de estudiar, y para saber si la empresa me daba el beneficio de costear esa certificación —era algo costosa—. Aquel caballero amablemente me dijo que no, pues no era una política de la empresa; pero me explicó que la organización podía darme el dinero prestado, en caso de que yo no lo tuviera. Debido a su respuesta tomé la decisión de pagar la certificación por mis propios medios. Quizás algunas personas argumenten que las empresas deberían costear este tipo de estudios, porque les permitiría a sus colaboradores ser más eficientes en sus puestos de trabajo, pero debemos entender que cuando nosotros nos responsabilizamos de nuestro destino crecemos más rápido.

No podemos responsabilizar a ninguna organización ni persona de nuestro desarrollo personal y profesional. Si la empresa en la que trabajamos desea que seamos mejores líderes, ¡debemos prepararnos para hacerlo!, independientemente de que ellos nos den el apoyo económico o no. De eso se trata vivir en una casa con más espejos que ventanas, de responsabilizarte de ti mismo y crecer.

El poder de las emociones para generar cambios

Recientemente conversé con una amiga que lidera a un grupo de personas en la empresa en la que trabaja. Ella me contó que se sentía frustrada porque no lograba que su equipo de trabajo cumpliera con los requerimientos y cambios que ella le pedía. Después de analizar un poco la forma en la que ella se comunicaba con su equipo, me di cuenta de que algo estaba fallando, y era el hecho de que, en sus reuniones de trabajo, solo estaba compartiendo información.

Los buenos líderes saben que la mejor forma de conectar con alguien es a través de su corazón. Son las emociones las que impulsan a las personas a cambiar. Hay una gran diferencia entre compartir información a secas y comunicar desde y para el corazón. Por lo tanto, si aprendemos a transmitir información al corazón de las personas, y no solo a su cabeza, podremos generar los cambios que deseamos en ellas.

Con respecto a esto, te compartiré tres claves de comunicación para generar cambios en las personas o en el equipo que lideras:

1. Contar historias: Por lo general, las estadísticas se olvidan, pero las historias no. Recuerda: El objetivo es hablar al corazón de las personas; por ello, los microrelatos o fábulas son una opción excelente para conectar con el público, debido a que estos son inspiradores y mueven las emociones de las personas.

2. Escoger palabras de manera intencional: Las palabras que utilizamos determinan la respuesta del interlocutor. Por lo tanto, es muy importante que elijamos las correctas para causar el efecto deseado. Esto significa colocar emociones en las palabras.

3. **Mostrar vulnerabilidad:** Esto no quiere decir que debemos compartir aspectos personales de nuestra vida. Significa ser sinceros a la hora de expresar aquellas cosas que se nos dificultan. Las personas conectan con otras cuando se muestran accesibles y comprensivas.

> *«Impactamos a las personas con nuestras fortalezas, pero conectamos con ellas a través de nuestras debilidades».*
>
> **Craig Greoschel**

Beneficios del cambio

Cada vez que vamos a realizar un cambio nos topamos con dificultades, pero también con muchos aprendizajes. Debemos estar atentos a ellos, pues hay virtud en el cambio. Son muchos los beneficios que él nos ofrece. Aquí te comparto cinco de ellos:

1. Crecimiento personal: Como he mencionado anteriormente, el cambio nos permite tener nuevas experiencias y aprender nuevas cosas. A través de él podrás descubrir nuevas ideas, establecer nuevas metas y desarrollar nuevos valores, lo cual te permitirá vivir una vida más plena y feliz.

2. Flexibilidad: En tanto nos enfrentemos a más cambios en la vida, más fácil nos resultará asumirlos. Como resultado, seremos cada vez más flexibles y cada vez nos costará menos adaptarnos y cambiar.

3. Seguridad y confianza: La resistencia al cambio se debe, entre otras cosas, al temor. A medida que cambiamos y nos adaptamos descubrimos nuestras fortalezas, y esto nos hace sentir más seguros de nosotros mismos.

4. Nuevas oportunidades: Los cambios traen consigo nuevas oportunidades para observar la vida de una forma diferente, conocer nuevas personas y descubrir nuevas metas.

5. Nuevos comienzos: ¿Cuántas veces has querido salir de la zona de *confort* y empezar de nuevo?

Solo el cambio nos permitirá ese nuevo comienzo, ya sea cambiando de lugar de trabajo, de vivienda o simplemente cambiando hábitos de vida.

¡Abraza el cambio!

¿Crees que es mejor malo conocido que bueno por conocer? En ocasiones este inocente adagio nos impide dar los cambios que necesitamos. Y como consecuencia nos quedamos estancados en situaciones incómodas o con personas que nos incomodan. No, no siempre es mejor el supuesto «malo conocido», a veces solo hay que tomar la decisión de cambiar y ya.

Cambio significa evolución, y sin él nos será muy difícil avanzar hacia lo que queremos. Cada nuevo objetivo que te plantees requerirá una nueva versión de ti. En mi caso, estoy seguro de que el Daniel de ayer no hubiera podido llegar a las metas de hoy, y que a las metas de mañana no puedo llegar siendo el Daniel de hoy. ¡Abraza el cambio y verás grandes resultados!

Mi esposa es una persona de muchos cambios; siempre tiene un plan de paseo o un plan para simplemente hacer algo distinto. Antes me resultaba gracioso el hecho de que ella cambiara frecuentemente de lugar los muebles y las plantas en nuestra casa. Recuerdo que al ver aquellos cambios pensaba: «Pero si antes también se veía todo bien. ¿Para qué cambiarlo?». Ahora entiendo los beneficios de realizar cambios por sutiles que parezcan.

«Todos quieren cambiar al mundo, pero nadie piensa en cambiarse a sí mismo».

León Tolstói

El cambio te empuja hacia adelante

En ocasiones el pasado nos detiene, pero continuar hacia adelante es un proceso diario que se da con pequeños cambios. Nuestro desarrollo personal debe ser continuo y esto es crucial para alcanzar el éxito en cualquier área de la vida. Por experiencia te aseguro que el cambio te permite convertirte en la persona que quieres ser y llegar a la meta que deseas.

En mi libro *Donde existe un deseo, existe un camino* compartí mi experiencia cuando, después de 16 años de laborar en una institución bancaria, tomé la decisión de cambiar de empresa, pues me sentía estancado. Tomar esa decisión no fue fácil, pero era necesaria para evitar el estancamiento. Hoy puedo asegurarte que fue una de las mejores decisiones que he tomado en mi vida, ya que esta afectó positivamente mi desarrollo personal y profesional.

En la parte profesional aprendí mucho de liderazgo; me expuse a nuevas ideas, formas de trabajo y de pensamiento. Esto me inspiró y permitió que trabajara en el desarrollo de nuevas habilidades, que de seguro no hubiera podido aprender si me hubiera quedado en el mismo lugar. En la parte personal obtuve el mejor y más importante regalo que he tenido: mi esposa y luego mi hijo. Fue en ese nuevo lugar de trabajo en donde conocí a mi esposa.

La vida se trata de correr riesgos, de experimentar cambios constantemente. No llegarás muy lejos si no te atreves a tomarlos. Ya sea que te arriesgues en el amor, en estudiar una carrera o en cualquier decisión de vida, siempre podrás optar por arriesgarte o quedarte en el mismo sitio. Pero recuerda que si te quedas ahí, nunca podrás disfrutar de los beneficios que el cambio tiene para ti, y sin estos tus resultados siempre serán los mismos.

¡Es hora de accionar!

Cuando queremos establecer cambios en nuestras vidas, es importante hacerlo de una manera planificada y consciente. Para iniciar este proceso lo primero que debemos hacer es formularnos estas tres preguntas:

1. ¿Qué quiero cambiar exactamente?
2. ¿Cuáles son los motivos más importantes para querer este cambio?
3. ¿Cómo será mi vida cuando haya hecho el cambio?

Luego de responder a estas interrogantes puedes empezar a trabajar en la forma como vas a ejecutar los cambios que necesitas. No existen soluciones mágicas, solo resta tomar acción. Siéntate y analiza con cuidado los hábitos que debes desarrollar en tu vida para obtener el resultado que deseas.

Si, por ejemplo, deseas ser un esposo más cariñoso, pregúntate: «¿Cuáles son los hábitos que debo desarrollar para convertirme en un esposo amoroso?». Quizás uno de ellos sea dejarle notas de amor a tu esposa regularmente, abrazarla más seguido o expresarle palabras de afirmación todos los días.

Si acaso deseas ser una persona más comunicativa, debes preguntarte cuáles son los hábitos de las personas comunicativas. Es sencillo. De esa manera sabrás qué prácticas debes aplicar en tu día a día.

George Ruth, más conocido como Babe Ruth, es considerado uno de los mejores beisbolistas de todos los tiempos. Él expresó una frase que se ha quedado tatuada en los corazones de muchas personas: «Los jonrones de ayer no ganan los partidos de hoy». Creo que es evidente la enseñanza en esas palabras: O cambiamos o limitamos nuestras oportunidades de éxito.

«Cuando nos quedamos anclados a una vida que no nos está aportando nada por miedo al cambio, en realidad ya estamos dejando de vivir en plenitud».

Pilar Fernández

Sé que los cambios cuestan y muchas veces duelen, pero debemos entender que son necesarios en nuestro proceso evolutivo. De niños pasamos a adolescentes y luego a adultos; la vida misma nos muestra que el cambio es un proceso natural. ¡Debes sí o sí evolucionar! Ya no veas esta situación como un obstáculo destinado a destruirte, sino como una oportunidad para reconstruirte.

Si antes pensabas de manera negativa acerca del cambio, creo que ya te he dado argumentos suficientes para que entiendas que a través de él puedes gestar un futuro maravilloso para ti y los tuyos. Ahora bien, ¿qué cambios vas a incorporar en tu vida personal, profesional o en tu empresa a

partir de este momento?

Principios de capítulo

- El cambio es un proceso natural de la vida. O evolucionamos o morimos.

- Al ignorar las virtudes del cambio nos resistimos a él. Esta lucha es inútil, pues el cambio es inevitable, constante e imposible de detener.

- Los cambios nos dan la oportunidad, si sabemos aprovecharla, de obtener nuevos y mejores resultados en todas las áreas.

- Debemos vivir la vida en una casa con más espejos que ventanas.

- Cuando logramos encontrar la razón o el propósito detrás de los cambios bruscos, los temores disminuyen y la motivación se eleva.

- La clave para aprovechar los cambios inesperados es adaptarnos a cada uno de ellos.

- Si aprendemos a transmitir información al corazón de las personas, y no solo a su cabeza, podremos generar los cambios que deseamos en ellas.

Capítulo

10

El propósito no se jubila

---

*No te retires simplemente de algo; ten
algo a lo que retirarte*

Harry Emerson Fosdick

Marta Stewart, mi madre, tiene 67 años de edad. Ella laboró en el Centro Médico Paitilla durante 32 años. Sin embargo, su pasión siempre ha sido la preparación de exquisitos platos. En otras palabras, ama cocinar, ¡y sí que sabe hacerlo!

Mi madre me contó que empezó a cocinar desde muy temprana edad. Mi abuela, oriunda de Jamaica, le enseñó a preparar a mi madre muchos de los platillos favoritos de la comunidad afrodescendiente. Aunque mi mamá ha aprendido a preparar casi cualquier tipo de comidas, mis favoritas son las que le enseñó a hacer mi abuela.

El gusto que tiene mi mamá por la cocina ha trascendido desde que dejó de trabajar en el centro médico, pues tiene más tiempo para dedicarse a ello. Ahora prepara comidas por encargo. Mis amigos y excompañeros de trabajo me piden que mi mamá les prepare algunos de sus ricos platillos. Por su parte, ella no tiene ningún tipo de inconveniente

en pasar horas dentro de la cocina inventando alguna preparación maravillosa si alguien se la pide.

Ella emprendió a los 67 años, ¡y en medio de una
pandemia! Ahora se despierta de madrugada para
preparar las comidas. Además, contrató a una joven para que la asistiera en la cocina y la acompa-
ñara a entregar los pedidos, pues ella misma hace
sus *deliveries*.

Hace algunos años mi mamá tuvo que hacer lo
mismo, pero por necesidad, para generar más dinero. En esta oportunidad lo está haciendo por pasión,
y esa pasión le genera dinero. A veces le digo que se
relaje un poco, que no se esfuerce demasiado; pero
ella me dice que no está trabajando solo por obtener ganancias económicas, sino por la satisfacción
que siente al hacer lo que hace.

Incluso los domingos mi mamá prepara sus ricas
comidas para que nos reunamos a almorzar en familia. Recuerdo que en una oportunidad, mientras
comíamos, mi esposa sugirió que debíamos hacer
público el talento de mi madre. Según ella, una

virtud tan excepcional debería ser aprendida por muchas más personas. La idea me pareció genial, por lo que ahora estamos planificando la manera en la que mi mamá comparta sus recetas a través de las redes sociales. ¡Espero hacer pública la buena nueva pronto!

El caso, querido lector, es que el propósito no se jubila. Siempre tendrás la posibilidad de jubilarte de cualquier empleo; pero jamás podrás hacerlo del propósito que arde dentro de ti. Tengo 47 años, mi edad de jubilación es a los 62, no obstante, la jubilación no es algo que me seduzca.

Sé que muchas personas están ansiosas por llegar a la edad de jubilación para, según ellas, empezar a disfrutar de la vida mientras descansan en un cómodo sofá. Por mi parte, espero jubilarme el día en que muera. Si Dios me lo permite seguiré inspirando a más gente a vivir con propósito, y a trabajar de manera continua en su desarrollo y superación personal.

Prepárate para el retiro laboral

Mientras estamos en la rutina diaria de trabajar para ganarnos el dinero necesario, a menudo visualizamos la vida después de la jubilación como una etapa de relajación y felicidad. Es la tan esperada oportunidad para disfrutar de la vida sin mucho estrés. Sí, es importante vivir momentos de relajación, pero no necesariamente tiene que ser algo que deba esperar para darse en la jubilación laboral.

Meditar en los beneficios financieros que obtendremos una vez que nos jubilemos es importante, pero es mucho más necesario descubrir el propósito de vida para tener una actividad de la cual nunca podremos jubilarnos. ¿Qué significado esperas encontrar para tu vida después de la jubilación? Puedes estar seguro de que esta no es una respuesta que debas buscar después de cierta edad. Debes trabajar en responderla lo antes posible.

«La felicidad no se puede perseguir, debe surgir. Uno debe tener una razón para ser feliz».

Viktor Frankl

Según el libro *¿Quién quieres ser cuando envejezcas? El camino del envejecimiento con propósito*, de Richard J. Leider y David A. Shapiro, encontrar un propósito en la jubilación no es solo una buena idea, ¡es una necesidad!

Si, por ejemplo, te gusta enseñar a otros, guiarlos y asesorarlos, esa pudiera ser una actividad a la que puedes dedicarte a tiempo completo una vez que te jubiles. Si eres aficionado al deporte y nunca lo desarrollaste como tu carrera principal, podrías ofrecerte como voluntario para entrenar en la liga deportiva para jóvenes de tu comunidad y ser un mentor en sus vidas. Asimismo, si amas a los animales podrías formar una organización que rescate a los animales de las calles o unirte a una de ellas.

El objetivo es que entiendas que puedes ser útil en cualquier etapa de tu vida, mientras cumples tu gran propósito, pues este no se jubila.

Ikigai: ¡Tu razón de ser!

La palabra *ikigai*, proveniente de Japón, hace referencia a la razón que tenemos para vivir. Es todo aquello que da significado a nuestras vidas y nos mantiene plenos. *Iki* significa «vida» y *gai* puede traducirse como «valor». Según los japoneses, todo el mundo tiene un *ikigai* o razón de ser. Algunos lo han encontrado y otros no.

Este concepto se fundamenta en cuatro principios:

1. **Misión:** Lo que amas y lo que tú crees que el mundo necesita.

2. **Vocación:** Lo que para ti el mundo necesita y por lo que te pagan o te gustaría que te pagaran.

3. **Profesión:** Por lo que te pagan o te gustaría que te pagaran y en lo que eres bueno; es decir, tus talentos.

4. **Pasión:** En lo que eres bueno, tus talentos y lo que amas.

Cuando descubrí este concepto fui a conversar con mi hermanastro Corey Cooper para profundizar sobre este asunto, pues él está casado con una chica de Okinawa, Japón. Y descubrí que hallar el *ikigai* es una práctica muy seria en esa cultura, mayormente en la región de Okinawa. Estudios indican que posterior a la catástrofe ocurrida en Japón en el año 2011, muchos japoneses empezaron a replantearse seriamente cuál era su *ikigai*, y a reconsiderar cuestiones importantes en la vida, como su significado, conceptos de felicidad, etc.

Es curioso, pero contrario a nuestra cultura, en Japón la palabra «jubilación» básicamente no existe. Para ellos, tener una pasión para toda la vida es lo más importante, pues les permite continuar trabajando en lo que aman, siempre y cuando la salud les dé esa posibilidad.

Es importante destacar el hecho de que vivir bajo este modelo tiene en sí grandes beneficios: somos menos propensos a enfermedades, nuestra mente se mantiene tan activa que patologías como la demencia senil y el Alzheimer disminuyen; la condición física es notablemente superior a la de una persona sin ninguna razón de vida. En definitiva, nos convertimos en dadores para la sociedad.

Nunca es muy temprano o muy tarde para descubrir nuestro *ikigai* y vivir para trascender. El impacto que causamos en nuestra vida y en la de los demás cuando vivimos desde el propósito no tiene precio.

¿Quién eres?

En una minúscula aldea japonesa, una mujer se debatía entre la vida y la muerte, cuando de pronto tuvo la sensación de ser separada de su cuerpo y de escuchar la voz de sus antepasados.

—¿Quién eres? —le dijo una voz.

—Soy la mujer del tendero —respondió ella.

—Yo no te pregunté de quién eres mujer, te pregunté quién eres tú.

—Soy la mamá de tres hijos.

—No te pedí que me dijeras cuántos hijos tienes, sino quién eres.

—Soy una maestra de colegio.

—No quiero saber cuál es tu profesión, sino quién eres.

La mujer parecía no tener la respuesta adecuada a la pregunta, hasta que dijo:

—Soy quien se despierta cada día para cuidar y amar a su familia, y ayudar a que se desarrollen las mentes de los niños en mi escuela.

Con esa respuesta fue enviada de vuelta a habitar su cuerpo, y al despertar sintió un profundo amor y compromiso por la actividad que realizaba: ¡Había descubierto su *Ikigai*!

«Los japoneses se amoldan para justificar su "ikigai" durante toda la vida, para así mantener viva la idea de que merece la pena vivir en un mundo social, sea este real o imaginario».

Gordon Matthews

El propósito en cada etapa de la vida

La Dra. Karen Gedney luego de su jubilación como médica sénior en el Centro Médico del Departamento Correccional de Nevada en Carson City, decidió dar pasos hacia nuevos aprendizajes.

Ella afirmó lo siguiente: «No se trata de replegarse y recluirse. Decidí que deseaba participar, en vez de ser espectadora. Por eso, todos los días me levanto con un propósito y tengo una razón para levantarme de la cama».

Desde que dejó su carrera de tres décadas, Gedney empezó a participar en una serie de actividades que la hacían sentirse útil. Comentó que cuando se jubiló su mayor incógnita era saber en qué debía verter su energía. Esto hizo que regresara a la universidad para obtener un certificado de especialidad en medicina regenerativa y de antienvejecimiento. «Me encanta enseñar, pero no quise hacerlo como negocio, porque tiene mucho que ver con aprovecharse de las inseguridades de la gente. Por eso ofrezco talleres gratuitos sobre el envejecimiento saludable y la nutrición», señaló.

Actualmente es voluntaria de la junta directiva de Ridge House, una organización que ofrece ayuda residencial y ambulatoria para personas que luchan por recuperarse de la adicción, y es, además, mentora de niños en riesgo.

Amigo, no hay edad para ir tras tus sueños, metas y tu propósito.

Detrás de 1 sonrisa

Hace siete años nació mi proyecto llamado *Detrás de 1 sonrisa*. Todavía recuerdo cuando escribí el primer artículo en mi sitio web, fue un 14 de noviembre del 2015 y lo titulé «Venciendo temores».

Mi portal web era un sueño cumplido para mí, y su objetivo era ser un espacio de inspiración y motivación. Al inicio escribía de manera continua, estaba muy emocionado y quería asentar y compartir mis ideas en él. Recuerdo que escribía religiosamente todas las noches sin parar. Sin embargo, mi blog tenía pocas visitas. Con todo, he seguido escribiendo como si muchísimas personas fueran a leerme, y he notado que esta práctica me ha permitido desarrollarme en la escritura como nunca lo llegué a imaginar. Hoy puedo decir que ese espacio ha sido mi escuela para convertirme en autor; hoy entiendo que ese era mi campo de entrenamiento.

Durante esos inicios leía muchísimo. No tenía inconveniente en pasar horas frente al ordenador aprendiendo, en comprar libros, en escuchar *podcast*... El hecho es que me había enamorado de mi propósito y estaba dispuesto a aprovechar todas las herramientas para seguir aprendiendo. El recorrido no ha sido sencillo, pero el propósito es inmedible.

«Hay una fuerza motriz más poderosa que el vapor, la electricidad y la energía atómica: La voluntad».

Albert Einstein

Recuerdo la primera vez que le dije a alguien que deseaba convertirme en escritor, esa persona me miró, sonrió y me dijo: «¡Ahora te crees Paulo Coelho!» El propósito está lleno de tragos amargos, de dudas y de incertidumbres. Sin embargo, eso poco importa, porque siempre será probado aquel que desee ser diferente y dejar su huella en el mundo, aquel que sueñe vivir con propósito.

En este sentido, el psiquiatra y filósofo austríaco Viktor Frankl, quien sobrevivió al Holocausto nazi, dijo:

« Los supervivientes de los campos de concentración aún recordamos a algunos hombres que visitaban los barracones consolando a los demás y ofreciéndoles su único mendrugo de pan. Quizá no fuesen muchos, pero esos pocos representaban una muestra irrefutable de que al hombre se le puede arrebatar todo salvo una cosa: la última de las libertades humanas, la elección de la actitud personal que debe adoptar frente al destino para decidir su propio camino ».

Si eres un joven que está por decidir qué carrera estudiar, no estudies lo que otros dicen que te hará millonario. ¡Haz aquello que más te apasione y para lo cual tienes talento! No caigas en la mentira de creer que tu vida no tiene propósito, y que lo que hoy vives es todo lo que hay. No olvides que no importa qué tan grande sea el mundo, siempre existirá un lugar especial para ti dentro de él, una vez que descubras y manifiestes tus talentos.

El odontólogo que se convirtió en compositor

Omar Alfanno es un compositor panameño de música salsa, quien ha sido uno de los latinos más galardonados de la última década. Es hijo de maestros de escuela, nieto de una cubana y un músico italiano. Ostenta un título universitario como Cirujano Odontólogo, obtenido en la Universidad Autónoma de México. Sin embargo, luego de graduarse decidió cumplir su sueño de convertirse en músico.

En una de las tantas entrevistas que ha dado, contó que les entregó el título de odontólogo a sus padres y se fue a vivir a Puerto Rico para dar inicio a su carrera en la música, a sabiendas de que el destino que quería seguir no era el más fácil. En consecuencia, antes de ser conocido, realizó diferentes trabajos en una funeraria y cantaba en las plazoletas de los metros.

Su sueño inicial era convertirse en un cantante famoso. No obstante, se dio cuenta de que poseía un gran talento para la composición, por lo que decidió escribir canciones para otros cantantes más conocidos. Así fue como empezó su carrera con el tema *El gran varón* (cantado por Willie Colón), y desde entonces es uno de los compositores más cotizados por salseros como Marc Anthony, Luis Enrique, Gilberto Santa Rosa, Tony Vega, entre otros.

Esta historia me conmovió mucho, pues me di cuenta de que aunque Omar Alfanno hubiera podido ser un gran odontólogo, el mundo se hubiera perdido del inmenso potencial de él como músico. Es evidente entonces la importancia de seguir nuestros sueños. ¡No entierres tus talentos, no olvides tu propósito! Aunque cumplir con el propósito, por lo general, es muy difícil, sin duda cada lágrima derramada y esfuerzo empleado, al final del día, valdrán la pena.

«El músico debe hacer música, un artista debe pintar, un poeta debe escribir. Lo que un hombre puede ser, debe serlo».

Abraham Maslow

La vida es demasiado corta para vivirla llena de bienes materiales, pero carente de plenitud. ¿Has pensado en el momento en el que todo se acabe para ti, en el que todo lo que has dejado de hacer se cruce por tu mente como un relámpago? Esa llamada no realizada, aquella conversación sin concluir, un abrazo no dado, una palabra de aliento no expresada... Es probable que todo esto pase por tu mente cuando ya no tengas tiempo de hacerlo.

Solemos decir: «Mañana escribo»; «Mañana llamo»; «Luego lo hago», y así es como vamos postergando lo que realmente da valor a la vida, tratando al tiempo como si tuviéramos dominio de él. A veces estamos tan concentrados en el futuro que no disfrutamos de los sucesos que nos ocurren a diario. Hemos sido absorbidos por la inmediatez del mundo moderno. No quiero decir con esto que no sea importante planificar; quiero más bien recordarte que vivir preocupados por el futuro nos impide vivir y nos limita más de lo que creemos.

Hoy es el día para hacer la diferencia en tu entorno, para ir detrás de lo que anhelas, para pedir perdón, para perdonar. Decide entrar al juego de la vida, sé cooperativo, entrégate sin filtros, sin expectativas, solo por el hecho de que tú puedes hacer la diferencia. Atesora cada momento de tu existencia, recuerda que el tiempo no espera a nadie.

Miguel Ángel invirtió toda su vida en su arte, esta es la razón por la que todavía lo recordamos después de 500 años de su muerte. Beethoven y Bach se entregaron completamente a su talento, y la música de ellos vive para siempre.

Sal y vive de manera intencional. Levántate cada mañana comprometido con encontrar una oportunidad para impactar positivamente en la vida de alguna persona. Adquiere la responsabilidad de vivir más allá de ti, y sirve a los demás desde tu propósito. Cuando tomes la decisión de vivir intencionalmente entrarás en un estado de plenitud que no tiene nada que ver con bienes materiales, sino con el placer de ser útil para los demás.

Estoy seguro de que los mejores libros no se han escrito, de que los edificios más impresionantes aún no se han construido, ni las mejores ideas se han concebido; todavía los negocios más exitosos están por inventarse, y estoy seguro de que convivimos con personas excepcionales que aún no están consciente de ello.

¡Lánzate a lo desconocido! Si crees que hay mucho más en esta vida por descubrir te animo a que lo descubras, a que pongas en práctica todo ese potencial que tienes. ¡Confía en ti!, no creas que tu idea carece de sentido; ¡tú puedes marcar la diferencia! El filósofo estadounidense Nicholas Murray Butler dijo: «Hay tres grupos de personas: Las que hacen que las cosas pasen; los que miran las cosas que pasan y los que se preguntan qué pasó». Seamos de los que hacen que las cosas pasen.

Si mañana fuese tu último día de vida, ¿qué harías hoy?, ¿cómo te gustaría ser recordado?

«Vive con propósito, vive con pasión, vive para algo más grande que tú».

Daniel Castell

Principios de capítulo

- Siempre tendrás la posibilidad de jubilarte de cualquier empleo; pero jamás podrás hacerlo del propósito que arde dentro de ti.

- Si eres un joven que está por decidir qué carrera estudiar, no estudies lo que otros dicen que te hará millonario. ¡Haz aquello que más te apasione y para lo cual tienes talento!

- Siempre será probado aquel que desee ser diferente y dejar su huella en el mundo, aquel que sueñe vivir con propósito.

- No importa qué tan grande sea el mundo, siempre existirá un lugar especial para ti dentro de él.

- Aunque cumplir con el propósito, por lo general, es muy difícil, sin duda cada lágrima derramada y esfuerzo empleado, al final del día, valdrán la pena.

- Levántate cada mañana comprometido con encontrar una oportunidad para impactar positivamente en la vida de alguna persona.

- Seamos de los que hacen que las cosas pasen.

Referencias electrónicas

Capítulo 3:

Universidad de Internet (2019). *Howard Gardner y las inteligencias múltiples: de la inteligencia a las inteligencias y la creatividad.* Disponible en: https://mexico.unir.net/educacion/noticias/howard-gardner-inteligencias-multiples-creatividad/ Consultado el 27/01/22

Yánez Flores, David Xavier (2018). *Las inteligencias múltiples como fuente de aprendizaje.* Revista Atlante: Cuadernos de Educación y Desarrollo (mayo 2018). Disponible en: https://www.eumed.net/rev/atlante/2018/05/inteligencias-multiples-aprendizaje.html#:~:text=Las%20inteligencias%20m%C3%BAltiples%20pluralizan%20el,Inteligencia%20Corporal%2DKinest%C3%A9sica Consultado el 27/01/22

Capítulo 5:

Staryfurman, Leila (2020). *Organizaciones Teal: qué son, qué ventajas ofrecen y ejemplos de empresas que siguen este modelo.* Disponible en: https://www.thepowermba.com/es/blog/organizaciones-teal Consultado el 5/05/21

Vineet Chopra y Sanjay Saint (2017). *Las seis características comunes de los líderes que inspiran.* Disponible en: https://www.elfinancierocr.com/gerencia/las-seis-caracteristicas-comunes-de-los-lideres-queinspiran/FV6K7K7DVJH6NJHAVZ3BJM23JQ/story/ Consultado el 10/5/21

Capítulo 7:

Debayle, Martha (2021). *¿Cómo encontrarle propósito al dolor?* Disponible en: https://www.marthadebayle.com/v3/radiov3/sosv3/como-encontrarle-proposito-al-dolor/ Consultado el 2/01/22

Listín Diario (2019). *10 Personajes que demostraron que en la vida no hay nada imposible.* Disponible en: https://planlea.listindiario.com/2019/04/10-personajes-que-demostraron-que-en-la-vida-no-hay-nada-imposible/ Consultado el 3/01/22

Capítulo 10:

Hannon, Kerry (2020). *5 jubilados encuentran un propósito con una segunda etapa de su carrera.* Disponible en: https://www.aarp.org/espanol/jubilacion/jubilacion-segura/info-2020/retirados-con-segunda-carrera-kh.html Consultado el 14/12/21

Peña, Carolina (2017). *Omar Alfanno, su historia detrás de las canciones.* Disponible en: https://blogs.eltiempo.com/soneros/2017/02/27 omar-alfanno-su-historia-detras-de-las-canciones/ Consultado el 14/12/21

Made in the USA
Columbia, SC
03 September 2022

65980123R00157